MÉMOIRE

DE

D. MIGUEL JOSEPH DE AZANZA

ET D. GONZALO O-FARRILL.

MÉMOIRE

DE

D. MIGUEL JOSEPH DE AZANZA

ET D. GONZALO O-FARRILL;

ET

Exposé des faits qui justifient leur conduite politique depuis mars 1808 jusqu'en avril 1814;

TRADUIT DE L'ESPAGNOL

Par

M. ALEXANDRE FOUDRAS.

PARIS.

De l'Imprimerie de P. N. ROUGERON, rue de l'Hirondelle, n.º 22.

Avril 1815.

AVERTISSEMENT

DU

TRADUCTEUR.

Ce Mémoire, écrit en 1814, renferme l'exposé des causes qui éloignèrent momentanément du trône le Roi Ferdinand VII, et le récit des événemens qui suivirent l'établissement de la nouvelle dynastie sur le trône d'Espagne. J'en achevais à peine la traduction lorsque l'Empereur Napoléon est rentré dans sa capitale.

La conduite du Gouvernement français envers l'Espagne depuis 1808 jusqu'en 1814 est retracée dans cet ouvrage avec une fidélité scrupuleuse; les auteurs manifestent avec une noble franchise les principes politiques qui dirigèrent leurs opinions, et les motifs de la résistance qu'ils opposèrent aux vues de la France ; motifs éminemment patriotiques et puisés dans l'amour de leur pays et la fidélité à leur Souverain. Le retour du Gouvernement impérial paraissait devoir mettre obstacle à ce que cette traduction vît le jour ; mais que craindre de la part d'une autorité qui proclame elle-même la liberté indéfinie de penser et d'écrire, et les principes les plus libéraux ! Les réfugiés Espagnols seront-ils traités moins généreusement ? La dette contractée envers eux par la France sera-t-elle moins sacrée, parce qu'ils auraient proclamé leur attachement à Ferdinand VII à une époque où l'Espagne entière venait de reconnaître ses droits à la couronne, et déclaré devant l'Empereur lui-même qu'ils ne sont entrés dans ses vues que lorsque tout espoir leur fut enlevé de conserver le trône à l'héritier de leurs anciens Rois ? Une supposition semblable serait injurieuse au Gouvernement français, et la publication de cet ouvrage en France, sous le règne de deux Souverains d'intérêts opposés, établira sans doute dans l'esprit du lecteur une prévention favorable ; elle est, à mon gré, une preuve de l'impartialité qui a dicté ce Mémoire, et de la modération qui en caractérise les auteurs.

MÉMOIRE

DE

D. MIGUEL JOSEPH DE AZANZA

ET D. GONZALO O-FARRILL;

et Exposé des faits qui justifient leur conduite politique, depuis mars 1808 jusqu'en avril 1814.

INTRODUCTION.

Parmi les symptômes qui signalèrent, dès son origine, la révolution d'Espagne, un des plus funestes, et qui dès-lors fit généralement augurer que la résistance au pouvoir colossal par qui elle était assaillie aurait un mauvais succès, fut le coup porté à toutes les réputations. Le Conseil privé du Roi, les ministres, les tribunaux supérieurs, le Conseil Royal, en un mot tous les hommes publics qui occupaient alors les premiers postes dans le Gouvernement, perdirent la confiance nationale : tous, aussitôt qu'ils purent le faire, s'efforcèrent de détruire les inculpations répandues contre eux ; et on peut assurer que, pendant les six années qu'a duré la guerre, le soupçon n'a jamais cessé de peser sur eux avec plus ou moins de force.

La révolution est finie, et l'heureux retour du légitime Souverain au trône de ses pères semblait devoir mettre un terme à d'aussi fatales incertitudes ; on devait croire que le public adoptant l'opinion juste et impartiale du Monarque, les accusations vagues et calomnieuses tomberaient dans l'oubli, et que la voix du trône serait regardée comme l'arrêt de la plus exacte justice, attendu que personne ne peut apprécier mieux que S. M. les désastres et les événemens extraordinaires dont l'Espagne a été le théâtre ; son cœur étant étranger aux passions dont les divers partis étaient agités, on ne devait plus avoir à redouter ni les vengeances qui accompagnent les réactions, ni les censures du public. Cependant nous voyons ceux-mêmes à qui la confiance du Roi Ferdinand VII, et les emplois qu'ils occupent près de lui, semblent devoir assurer la pleine et tranquille possession de leur réputation, adresser au public leurs apologies, le prendre pour juge de leur conduite, comme s'ils ne pouvaient attendre que de lui seul leur justification, ou comme si les témoignages authentiques de confiance qu'ils reçoivent du Souverain n'eussent aucune influence sur l'opinion de la nation. D. Miguel Joseph d'Azanza et D. Gonzalo O-Farrill ne peuvent se dispenser plus long-temps de suivre leur exemple, et se considèrent comme plus étroitement obligés que les autres à prendre ce parti. Jusqu'à ce jour ils croyaient avoir suffisamment rempli leur devoir à l'égard de S. M., en lui adressant, aussitôt qu'il monta sur le trône, les plus sincères félicitations, et renouvelant à sa personne Royale les assurances de leur soumission, de leur fidélité et de leur amour. Aujourd'hui, comme sujets, ils invoquent la justice de leur Souverain, et en même temps, comme Espagnols, ils entreprennent de se justifier auprès de leurs concitoyens. Ils se bornent à demander qu'on les écoute sans prévention ni partialité, bien certains de prouver que jamais ils n'ont déshonoré le nom espagnol; que jamais ils ne se sont rendus indignes de le porter; qu'au contraire ils ont fait preuve du zèle le plus pur à soutenir les droits de S. M. Ferdinand VII, quand ils les virent attaqués; et que dans l'exercice de leur ministère, ils n'ont rien négligé, soit pour neutraliser les causes qui l'arrachèrent du royaume, soit pour empêcher plus tard la ruine totale de la nation, et pour alléger le poids des malheurs que lui attira la révolution. Offrir au Souverain et au public un précis exact et sincère de leurs opérations, exposer en même temps les principes qui les ont dirigés à toutes les époques : tel est le but qu'ils se proposent dans cet ouvrage.

Azanza et O-Farrill ne se dissimulent pas que, si la chute du pouvoir colossal où le chef du Gouvernement français était parvenu, pouvoir qui pendant dix ans a forcé au silence toute l'Europe continentale, leur permet aujourd'hui de rapporter avec franchise certains faits que personne n'eût osé publier auparavant, il résulte aussi du changement total qui s'est opéré que leur défense présentera bien moins d'intérêt. Ils savent que peu de personnes sont capables de se reporter au temps où les événemens se sont passés, pour juger de l'influence qu'ils ont eu et devaient avoir sur la conduite des hommes publics.

Ils ne peuvent, sans un sentiment douloureux, rappeler à leur mémoire les premières attaques dirigées contre leur réputation, au moment même où ils venaient de lutter avec plus de vigueur contre le pouvoir qui opprimait leur patrie, et lui enlevait son Souverain.

L'absence de S. M. et celle de S. A. l'Infant D. Antonio, tous deux bien informés de la loyauté de leurs sentimens, et témoins de l'efficacité de leurs services, les priva tout à coup des plus puissantes autorités qu'ils eussent pu opposer aux imputations injurieuses que le public lançait contre eux, en les désignant comme disposés à favoriser le nouvel ordre de choses. Toutes les données, sur lesquelles on pouvait juger de leurs intentions et apprécier leur conduite, leur étaient aussi favorables qu'étaient peu fondées les rumeurs qu'on répandit sans raison pour leur enlever la considération dont les honorait la nation entière, et les présenter comme coupables de félonie envers le Roi et la patrie.

Pour qualifier la conduite d'un homme public de loyale ou de déloyale, doit-on prendre pour base les événemens indépendans de sa volonté? L'injustice d'un pareil procédé sera plus criante encore, si ces mêmes événemens étaient en opposition directe avec ses intentions bien démontrées par des efforts constamment dirigés à obtenir des résultats contraires. Qui osera dire que nous avons coopéré, ou même cessé un seul instant de nous opposer à la réussite des projets que le Gouvernement français dévoila à Madrid et à Bayonne, en avril et mai 1808, lorsque le vaisseau de l'Etat, privé de son gouvernail, fut lancé sans guide sur l'océan de l'anarchie révolutionnaire, dont un miracle seul a pu le retirer au bout de six années d'orage. L'Europe entière a été informée des événemens de cette époque déplorable, rendus publics dans deux Manifestes que l'on peut regarder comme des pièces officielles, attendu le caractère et le rang des corporations ou des individus qui les ont mis au jour. Dans aucun de ces écrits on n'attaque ouvertement notre conduite personnelle, on n'y met pas en doute les sentimens de fidélité qui nous animaient dans des circonstances aussi difficiles; une partie de nos opérations a eu pour témoin le Roi lui-même, qui a vu de ses propres yeux la part que nous prenions à tout ce qui pouvait lui conserver son trône. Postérieurement nous avons agi en présence et avec l'agrément de son oncle l'Infant D. Antonio, Président de la Junte de Gouvernement, et enfin nous avons eu pour témoins et collaborateurs des ministres intègres, qui aujourd'hui comme alors ne peuvent refuser la justice qui est due aux intentions dont nous donnâmes des preuves dans tous les avis que nous ouvrîmes, comme dans toutes les mesures qu'ils nous virent prendre,

Ceux qui écriront l'histoire de la révolution dévoileront un jour si elle fut amenée, comme plusieurs le croient, par le procès célèbre intenté à l'Escurial contre le Prince héritier de la couronne, et par le traité conclu à Fontainebleau le 27 octobre 1807. Quoi qu'il en soit, Azanza et O-Farrill ne purent prendre la moindre part à ces deux opérations ; le premier se trouvait alors retiré à Grenade, et le second commandait en Toscane une division de troupes espagnoles. Lorsque, appelés auprès de S. M. en qualité de ministres, ils commencèrent à participer aux affaires, déjà étaient consommées les deux principales causes qui, comme nous l'avons vu depuis, ont conduit la monarchie au bord du précipice ; à savoir : l'introduction d'une armée française jusqu'au centre du royaume, aux termes du traité de Fontainebleau, et la fatale protestation de S. M. le Roi Charles IV, dont se prévalut plus tard l'Empereur Napoléon, pour justifier aux yeux de l'Europe le projet d'enlever à la nation ses Souverains légitimes. Napoléon basa sur cette protestation la politique artificieuse qui dirigeait ses opérations, et trouva dans l'exécution du traité de Fontainebleau le moyen d'en assurer et hâter le succès par la force des armes. Tel était la situation de la monarchie lorsque Azanza et O-Farrill entrèrent au ministère.

En esquissant aux yeux de leur Souverain et de leurs compatriotes le plan de conduite qu'ils ont suivie, ils se bornent à prouver que les principes adoptés par eux ne s'écartaient pas de la loyauté qui caractérise un véritable Espagnol ; que leurs intentions étaient pures ; que leurs déterminations leur parurent dictées par la saine raison dans des momens aussi critiques ; qu'ils étaient convaincus que l'honneur et le bien-être de leur patrie leur faisaient une loi d'agir comme ils ont agi ; que le plus glorieux résultat de leurs travaux, comme le plus souhaité, eût été de pouvoir sauver leur Souverain des dangers qui le menaçaient et des pièges tendus à sa franchise et à sa bonne foi ; qu'ils employèrent pour parvenir à ce but honorable tous les ressorts de la prudence et de la fermeté ; que le fait d'avoir cru, pendant la longue captivité de S. M. le Roi Ferdinand, à l'impossibilité de son retour, n'est pas un crime : que ce n'en est pas un d'avoir agi conformément à cette conviction ; et qu'enfin ils ont été et sont encore aujourd'hui dignes de la bienveillance de leur Souverain, et de la considération dont ils ont toujours joui parmi leurs compatriotes.

Azanza et O-Farrill ne confondront pas ce qui, pendant ces dernières années, s'est fait au nom de la nation, avec ce qu'a fait la nation elle-même. Ils ne lui feront pas l'injustice de prendre pour le vœu général celui d'une faction dominante aux Cortès qui, dans plusieurs édits, et principalement dans le Manifeste du 19 février de cette année, a versé à pleines mains sur l'universalité des Espagnols réfugiés en France, tout ce que la haine et la vengeance peuvent inventer d'insultes et d'accusations fausses et injustes. Ils trouveront encore bien moins l'expression de l'opinion générale dans la sentence inique que fulmina la Junte centrale, en novembre 1808, contre Azanza, O-Farrill et leurs collégues, les déclarant traîtres à la religion, au Roi et à la patrie, confisquant leurs biens, et les condamnant à la peine de mort. Qui a été plus accusé d'infidence, de faiblesse et d'égoïsme, que le Conseil suprême de Castille, dans cette multitude d'écrits qui, avec l'approbation des Juntes de province, précédèrent et même suivirent la publication de son Manifeste? Jamais le cri général, qui de tous les points de la péninsule s'éleva contre sa conduite et insulta à son honneur, ne fut regardé par lui comme le vœu de la nation, et il chercha à se justifier devant le public qui n'avait pas entendu ses moyens de défense. Les différentes autorités qui ont successivement gouverné la nation, se sont si souvent trompées dans leurs arrêts contre une foule de personnes qui ont figuré sur cette scène politique, que, sans parler des sentences révoquées par l'autorité qui succédait à celles qui les avaient portées, elles ont encore laissé à la justice du Roi le soin de rétablir un grand nombre de réputations attaquées; et nous voyons aujourd'hui comblés d'honneurs, auprès de S. M., des ministres, des magistrats et des prélats qui, peu de temps avant son retour au trône, étoient suspects, poursuivis, relégués comme tels et même proscrits. Azanza et O-Farrill sont donc en droit de considérer leur cause personnelle comme pendante, puisqu'il est de fait qu'elle n'a pas été jugée, et ils demandent préalablement à être entendus.

Les deux ministres se réunissent pour se défendre, parce que, appelés presque simultanément au ministère par le Roi Ferdinand VII, ils ont pris une part à peu près égale aux événemens, ou, pour mieux dire, aux mesures administratives et politiques, et qu'en conséquence leur responsabilité est la même. Ils sentent combien est grande celle dont les a chargés l'estime générale et la confiance de S. M.; mais la publicité de leurs opérations a été telle, et les témoins qu'ils peuvent citer à l'appui de leurs assertions sont d'une si grande autorité, qu'ils ne peuvent, sans manquer à ce qu'ils se doivent, se dispenser de détailler les unes, et d'invoquer le témoignage des autres.

Leur justification n'a pas besoin de récrimination contre qui que ce soit; et bien qu'ils aient été provoqués, la modération qui dictera leur défense mettra en évidence l'éloignement qui les caractérise pour tout ce qui tient à l'aigreur de l'esprit de parti. Ils croient que chacun a agi de bonne foi, suivant sa manière d'envisager les événemens; et dans le fait, ils ont offert un champ si vaste à l'incertitude et à la divergence des opinions, que, si l'on veut parler sans feinte, on avouera que personne n'a erré volontairement. Si parfois les auteurs de cet écrit mettent en parallèle leur conduite et celle de différens individus, ils n'ont d'autre intention que de rendre plus sensible l'inconséquence du jugement qu'on a porté contre eux; et s'ils relèvent des défauts de clarté ou d'exactitude dans la relation de certains faits rapportés dans quelques écrits, ils le font uniquement pour rendre hommage à la vérité, sans prétendre en conclure qu'une réticence ou une inexactitude, quoiqu'à leur défaveur, atteste dans les auteurs l'intention de les offenser. Ils le disent avec franchise : le plus grand sujet de plainte qu'ils auront à dénoncer, se bornera à signaler le manque de sincérité qu'ils aperçoivent dans divers exposés.

C'est à Paris qu'ils écrivent leur apologie, et de combien de titres et de documens ne sont-ils pas privés, sur lesquels il leur importerait de l'appuyer ! ils n'en ont conservé qu'un très-petit nombre. C'est bien volontairement que, depuis leur première sortie de Madrid, ils ont laissé dans leurs secrétaireries et leurs archives tous les actes passés sous la Junte de Gouvernement, et qu'ils avaient en leur pouvoir; ensorte qu'ils se voient obligés de puiser les détails de plusieurs faits dans les Manifestes publiés par le Conseil de Castille et par D. Pedro Cevallos. Les documens qui existent à Madrid viendront, si on le juge nécessaire, à l'appui de leur défense; mais au préalable, ils certifient sur leur honneur que cet Exposé ne s'écartera en rien d'essentiel de la plus exacte et scrupuleuse vérité.

Il convient dès à présent de bien distinguer les époques, parce que dans chacune d'elles les circonstances dont elles furent accompagnées devinrent la règle de leur conduite. Première époque : depuis la nomination d'Azanza et d'O-Farrill au ministère, par S. M. Ferdinand VII, jusqu'à sa sortie de Madrid. Seconde époque : depuis la formation de la Junte de Gouvernement jusqu'à ce qu'elle cessa d'être présidée par l'Infant D. Antonio. Troisième époque : du court intervalle qui s'écoula entre le départ de l'Infant et l'arrivée à Madrid des renonciations de Bayonne qui changèrent la dynastie. Quatrième époque : depuis le changement de dynastie jusqu'à l'évacuation de Madrid par les Français en juillet 1808. Cinquième et dernière époque : depuis lors jusqu'à la restauration du trône dans la personne de Ferdinand VII.

PREMIÈRE ÉPOQUE.

De la conduite d'Azanza et d'O-Farrill dans leurs ministères, sous les yeux de S. M., jusqu'à son départ de Madrid le 10 avril 1808.

Lors des événemens mémorables d'Aranjuez, en mars 1808, et de l'abdication de Charles IV en faveur de son fils Ferdinand, Prince des Asturies, Azanza et O-Farrill n'exerçaient aucun emploi administratif, politique ni militaire. Azanza vivait retiré depuis quelques années à Grenade; et O-Farrill, récemment arrivé de Florence à Madrid, était encore convalescent d'une maladie grave. Tous deux eurent l'honneur d'être appelés des premiers à servir auprès de S. M. Ferdinand VII, peu de jours après qu'il eût été reconnu pour Roi. Azanza se rendit à Madrid pour exercer l'emploi de ministre des finances, et entra dans la capitale le 28 mars. O-Farrill fut nommé colonel et directeur général de l'artillerie; peu après S. M. lui confia le porte-feuille de la guerre, et il entra en fonctions le 5 avril suivant.

Personne n'est mieux informé que le Roi Ferdinand de l'intérêt que les deux ministres prirent aux chagrins qui déchirèrent le cœur de S. M. dans le laps de temps qui s'écoula jusqu'au 10 avril, jour de son départ pour Burgos. Déjà on avait ouvert un chemin aux troupes françaises jusqu'au centre du royaume, en vertu du traité conclu par son auguste père à Fontainebleau le 27 octobre 1807; condescendance qui eut pour premier et dangereux résultat la prise de possession des principales places frontières. S. M. sentait que pour s'affermir sur le trône où elle venait de monter, rien n'était plus important ni plus pressant que de se faire reconnaître par l'Empereur des Français, de s'assurer de son alliance et de se concilier son amitié. Toute considération fut sacrifiée, pour parvenir à un but aussi important pour S. M. que nécessaire au bonheur de l'État.

On n'avait aucune connaissance, dans les secrétairies des finances et de la guerre à la charge d'Azanza et d'O-Farrill, du traité de Fontainebleau, des raisons qui motivaient l'introduction des troupes françaises, des réclamations des généraux et gouverneurs des places livrées, et des réponses qui leur avaient été faites. Ces différens points ne furent ni débattus, ni même proposés dans le petit nombre de conseils de ministres que S. M. put convoquer avant de quitter Madrid; et en effet il était trop tard pour en délibérer : le Roi comme ses ministres ne s'occupaient plus qu'à retirer, en faveur de S. M., tout le parti possible de ce qui était déjà fait, et voilà quel était le sens des ordres antérieurement dépêchés. Cela est si vrai, que l'on trouvait dans les bureaux de la guerre ceux que S. M. expédia d'Aranjuez par l'organe de D. Antonio Olaguer Feliu, au moment même de son avènement au trône, pour que les troupes commandées par le général Marquis del Socorro s'arrêtassent à Talavera, et se missent aux ordres du général français Junot, ainsi qu'il en avait été ordonné pour celles que commandait le général Carrafa; que l'on ouvrît les portes de la capitale aux troupes françaises, qui déjà avaient passé le Guadarrama, et qu'on les y reçût avec les témoignages d'amitié dus à des alliés et à des amis.

Il était de notoriété, que lorsque les gouverneurs des places livrées et les capitaines généraux des provinces envahies sollicitèrent à plusieurs reprises des instructions pour régler leur conduite d'après elles, le Gouvernement antérieur ne leur en avait pas fait passer d'autres que celle de ne donner aux généraux français aucun sujet de plainte fondée, et d'entretenir la meilleure harmonie entre leurs troupes respectives, en fournissant aux armées impériales

riales les moyens de subsistance, les logemens, transports, et toutes les facilités que pouvaient exiger de loyaux alliés. Il est bon d'observer que l'entrée de ces troupes dans le royaume, autorisée par le traité de Fontainebleau, devait avoir pour but d'appuyer les opérations de l'armée de Portugal, et que cependant elles avaient pénétré par la Catalogne, occupé Barcelonne, sa citadelle, et le château de Monjuich.

Il est donc évident que ceux qui avaient le maniement des affaires avant l'instauration du Roi Ferdinand connurent, lorsqu'il n'en était plus temps, la politique artificieuse et dissimulée de l'homme extraordinaire qui décidait alors du sort des plus puissans empires. Le trône dont S. M. venait de prendre possession était dépourvu en grande partie de ce qui constitue la force et assure l'indépendance des États. Se créer des ressources n'était pas pour lui l'ouvrage d'un jour ; et pénétré de cette vérité, il l'était également du besoin qu'il avait de s'assurer un appui, resserrant les nœuds qui l'unissaient à la France, en raison du voisinage de cette puissance, et de sa soumission à un chef qui mettait en usage, sans être retenu par rien, les moyens immenses qu'elle lui fournissait.

O-Farrill se souvient que, guidé par le même sentiment, il proposa à S. M. dans une des conférences avec ses ministres, de solliciter de son auguste père une lettre pour l'Empereur des Français, qui garantît à ce Souverain l'attachement de S. M. à sa personne, et son désir de renouveler les liens fraternels qui unissaient alors les deux nations. Ils se rappelle aussi que S. M. ayant suivi sur-le-champ son conseil, daigna lui dire : *Je peux me promettre de la part de mon père une réponse favorable, mais je ne dois rien attendre des conseils dont il est entouré.*

On nous assura alors que, dès la première visite du général Savary, Ferdinand avait conçu plus que jamais l'espoir d'obtenir, à sa première entrevue avec l'Empereur, d'en être reconnu pour Roi. Sa confiance en cette démarche lui parut si bien fondée, qu'il ne balança pas à se déterminer à un voyage, dont le terme ne pouvait être fixé, mais que l'on croyait devoir se borner à Burgos, où l'on assurait que S. M. rencontrerait l'Empereur (*a*).

La veille de son départ, ses ministres étant réunis dans sa chambre, on donna connais-

---

(*a*) Voyez la note 1.

sance de la demande officielle du général Savary, par ordre de l'Empereur, de la mise en liberté du Prince de la Paix, D. Emmanuel Godoy. On convint dans cette assemblée qu'il fallait répondre à une prétention de cette nature que, si l'on insistait, S. M. ne devait pas s'éloigner de sa capitale. Mais après une seconde lecture de la note de Savary, adressée à M. le Duc de l'Infantado, le Roi décida que M. le Duc lui-même et O-Farrill se rendraient auprès du général, pour lui dire de sa part, qu'attendu que S. M. était résolue à partir, elle traiterait, dans son entrevue avec l'Empereur, du sort de ce prisonnier d'État, et qu'en cas de besoin, elle ordonnerait que le procès fût ajourné jusqu'à cette époque.

Aussitôt que cette visite et cette conférence furent terminées, le Duc et O-Farrill retournèrent auprès de S. M., et lui annoncèrent que Savary s'était desisté de sa demande, aux premières objections qui lui avaient été faites ; et ce changement soudain dans Savary, joint à d'autres justes motifs d'inquiétude (*a*), ne put faire naître dans l'esprit du Roi aucuns soupçons sur le voyage à Burgos, soit qu'ils

---

(*a*) Voyez la note 2.

fussent étouffés par les raisons solides qui avaient convaincu S. M. de son utilité, soit que l'ame franche de ce Prince ne pût concevoir l'idée d'une manœuvre qui trouverait peu d'exemples dans l'énumération des trames ourdies par la politique.

S. M. fixa son départ au 10 avril, après avoir préalablement ordonné que les ministres (*a*), présidés par S. A. R. l'Infant D. Antonio, formeraient une *Junte suprême de Gouvernement,* chargée d'administrer en son absence, autorisée à prendre les mesures d'urgence, et devant, pour les affaires ordinaires, en référer u Roi par l'intermédiaire de M. de Cevallos, ministre d'État, qui accompagnait S. M.

Tel est le résumé des principaux événemens qui se sont passés dans le peu de jours qui s'écoulèrent entre l'entrée en exercice d'Azanza et O-Farrill, et la sortie du Roi de sa capitale. Il serait inutile de s'y arrêter plus longtemps pour faire ressortir le zèle et la fidélité dont ils donnèrent alors des preuves,

---

(*a*) Les ministres étaient alors MM. D. Pedro Cevallos, D. Francisco Gil de Lemus, D. Miguel Joseph de Azanza, D. Gonzalo O-Farrill et D. Sébastien Piñuela.

attendu que S. M. en ayant été témoin, les ministres se bornent à solliciter de sa justice souveraine un jugement fondé sur la connaissance intime qu'elle avait de leur loyauté et de leur amour pour sa personne sacrée.

SECONDE ÉPOQUE.

De la conduite d'Azanza et O-Farrill en leur qualité de membres de la Junte suprême de Gouvernement, sous la présidence de l'Infant D. Antonio.

Une autre série de faits va être retracée par Azanza et O-Farrill, et l'assistance de l'Infant D. Antonio, comme président de la Junte, ne leur laisse rien à désirer pour établir authentiquement la fidélité et l'activité avec lesquelles ils aidèrent S. A. R. dans les circonstances difficiles et épineuses de ces jours de trouble, et pour constater la confiance dont elle les honora. S. A. R., dont personne n'osera révoquer en doute le respect religieux pour la vérité, peut déclarer elle-même avec quelle fermeté nous nous efforçâmes de soutenir l'autorité et les droits de la couronne, et de résister à toutes les attaques que le Grand Duc de Berg dirigeait contre eux par ordre de l'Empereur Napoléon.

A compter du départ du Roi jusqu'à celui de l'Infant D. Antonio, qui quitta Madrid le 4 mai, la Junte fut présidée par lui pendant 24 jours. A peine S. M. était hors de la capitale que tout prit un aspect sinistre; les démandes du Grand Duc de Berg, et ses rapports avec la Junte, respirèrent la hauteur et la menace, quoiqu'il feignît toujours de croire qu'à la première entrevue des deux Souverains, les liens qui les unissaient prendraient une nouvelle force, et que S. M. serait reconnue pour Roi. Il est facile de concevoir combien, dans des circonstances aussi difficiles, il était embarrassant et pénible pour la Junte de se tracer un plan de conduite. Pour éviter les fausses démarches, elle adopta en principe, en se conformant strictement à la seule instruction verbale que S. M. lui laissa à son départ, et aux ordres qu'elle lui expédia de la route, qu'il fallait, lors même qu'elle résistait au Grand Duc de Berg, ne rien hasarder qui pût détruire les résultats avantageux que l'on attendait de l'entrevue avec l'Empereur, et mettre obstacle aux négociations importantes de son Souverain. On suivit ce système avec constance jusqu'au moment fatal où, par l'arrivée des renonciations de Bayonne, la Junte perdit le caractère de représentant du Roi Ferdinand VII, et vit toutes ses espérances douloureusement trompées.

Tout à coup elle fut surchargée d'une si grande multitude d'affaires si inattendues et de si haute importance, que, pour traiter et résoudre chacune d'elles, il lui eût fallu les instructions les plus positives et les plus décisives, ou sinon elle s'exposait à en compromettre les résultats. La Junte n'en avait aucune, et l'on ne trouvera dans les bureaux d'autre règle de sa conduite que le décret laconique de sa création, réduit à quelques lignes. De vive voix, S. M. se borna à lui recommander fortement de se maintenir en parfait accord avec le général qui commandait les troupes françaises, et cette recommandation limitait par elle seule et si étroitement tous les pouvoirs de la Junte, qu'elle ne servit qu'à augmenter son embarras et son indécision. Mais on cessera de s'étonner que la Junte suprême de Gouvernement ait été établie sur de semblables bases, si l'on considère que personne, ni le Roi lui-même, ne croyait que son absence hors de la capitale s'étendît au-delà d'un petit nombre de jours, et que S. M. ne pensait à rien moins qu'à sortir des frontières. Se proposant, en conséquence, de conserver, pendant le peu de temps qu'il serait absent, une correspondance suivie avec la Junte, le Roi ne dut pas se dessaisir du gouvernement du royaume à qui il se proposait de faire savoir ses ordres par l'intermédiaire de la Junte, de quelque province où il se trouvât, emmenant avec lui pour cet effet son ministre d'État.

Ceux qui considèrent tous les événemens

passés comme ayant été prévus, ont fait divers reproches à la Junte, et ont suivi en cela l'idée fausse qu'ils paraissent s'être formée d'elle et de son institution. En voyant un Souverain qui, dix jours après sa sortie de la capitale, se trouve déjà hors de son royaume, on s'est plu à voir dans la Junte de Gouvernement une de ces régences en qui les Rois déposent la plénitude de leurs pouvoirs, avec des instructions et l'absolue faculté d'agir dans tout ce qui pourra survenir, sans recourir à leur personne. Notre situation présentait tout le contraire, et le Roi, sortant de Madrid, n'eut pas besoin, en créant la Junte, de lui imprimer un semblable caractère; lorsqu'on vit tout à coup la scène changer, les pronostics entièrement démentis, le sort du Roi et de la monarchie compromis, et toutes les autorités de la capitale luttant contre les menaces et la violence, la Junte de Gouvernement et son président se trouvèrent dans une position entièrement inattendue; obligés d'embrasser une administration à laquelle ils n'étaient pas préparés, et sans savoir sur qui ils pourraient se décharger de l'immense responsabilité qu'entraînait après elle la plus grande partie des affaires sur lesquelles on appelait impérieusement leur prompte et décisive détermination. Au demeurant, si sans égard pour la situation d'Azanza et d'O-Farrill, comme membres de la Junte, on persiste encore à méconnaître le mérite de leur résistance, et du zèle qu'ils mirent à écarter les dangers qui menaçaient chaque jour la nation, la Junte et son digne président, il faut convenir que l'on veut les juger sur des préventions et avec une partialité qui se rapproche de l'injustice la mieux démontrée.

C'est sur des fondemens semblables que s'appuie le reproche de faiblesse que l'on a fait à la Junte de Gouvernement, pour avoir cédé aux instances menaçantes du Grand Duc de Berg, lorsqu'il demandait qu'on lui remît le Prince de la Paix. C'est sans doute au respect pour son président que la Junte doit de ne se voir accusée que de *faiblesse ;* mais ceux qui ont proféré ces reproches ont ignoré la résistance qu'elle opposa pendant plusieurs jours et la constance qu'elle mit dans ses refus, ou n'ont pas pris garde aux motifs puissans qui l'obligèrent à ne pas persister plus long-temps.

Dans la matinée du jour où S. M. partit pour Madrid, le Grand Duc de Berg voulut que la Junte lui remît la personne de Godoy, disant que S. M. la lui avait promise la veille dans l'appartement de la Reine d'Etrurie. La Junte répondit qu'elle n'avait point d'ordre de S. M. à ce sujet, qu'elle lui en référerait, et attendrait sa décision. Deux jours après le Grand Duc renouvela sa demande, et les jours suivans il ne cessa d'insister, mettant toujours en avant les ordres qu'il disait avoir reçus de l'Empereur à ce sujet; il en vint à dire, qu'il le tirerait de la prison à main armée, et qu'il ferait main basse sur ses gardes s'ils opposaient la moindre résistance.

Le général Marquis de Castelar, commandant la force armée à qui était confié le Prince de la Paix, informé par la Junte de ce qui se passait, et déjà sur ses gardes à la vue de quelques dispositions qui lui paraissaient hostiles, demandait officiellement, par l'intermédiaire du brigadier des armées D. Joseph Palafox, un de ses subalternes, des ordres précis sur ce qu'il avait à faire. La Junte ne pouvait voir avec indifférence la position pénible de ce commandant et de sa troupe; et conséquemment elle expédia un courrier extraordinaire à S. M. en lui soumettant tout ce qui se passait. M. de Cevallos, en réponse à cette dépêche, nous marqua sous la date de Vittoria, que S. M. informée des désagrémens et des embarras que faisaient éprouver à la Junte les instances réitérées du Prince Murat pour la remise du prisonnier, avait écrit à l'Empereur, lui offrant de le tenir à sa disposition, pourvu que son procès ne fût pas interrompu, et que justice fût faite à ceux qui croyaient devoir la réclamer. Le Grand Duc de Berg instruit de cette offre par l'Empereur lui-même, exigea de la Junte son accomplissement, dans une note de la main du général Belliard, chef de son état-major (*a*). La Junte ne pouvait pas dissimuler qu'elle avait reçu un avis semblable de M. de Cevallos, et quoiqu'elle eût désiré, pour se décharger de toute responsabilité, que S. M. instruite de l'admission de son offre par l'Empereur, lui eût confirmé l'ordre de livrer le prisonnier, cependant, après avoir délibéré longuement sur cet objet, elle arrêta à l'unanimité (*b*) qu'il serait immédiatement remis, et S. A. l'Infant D. Antonio signa en conséquence l'ordre nécessaire (*c*).

Azanza et O-Farrill regrettent de n'avoir pas sous les yeux, 1.º la note précitée de M. de Cevallos datée de Vittoria; 2.º le rapport que le ministre O-Farrill remit à S. M. par l'entremise du même M. de Cevallos, et par ordre spécial de la Junte, contenant les détails circonstanciés de toute cette affaire; 3.º la réponse à ce rapport écrite à Bayonne par M. de Cevallos, et dans

---

(*a*) Voyez la note 3.
(*b*) Voyez la note 4.
(*c*) Voyez la note 5.

laquelle il était dit que, quoique S. M. eût souhaité que la Junte attendît un ordre positif et direct pour se dessaisir du prisonnier, elle était satisfaite du zèle et de la constance avec lesquels on avait résisté si long-temps.

Et en effet, la résistance de la Junte avait atteint les bornes que les circonstances lui défendaient de passer. S. M. éprouvait déjà les effets de l'oppression, et la même force pesait sur elle à Bayonne et sur la Junte qui la représentait à Madrid. D'autre part la Junte, qui, dans aucun cas, n'était autorisée à employer la violence, devait craindre, et prévenir à tout prix, quelque événement que ce fût qui la mît dans le cas d'en user, et plus encore de faire naître de nouveaux obstacles aux arrangemens et aux pourparlers de S. M. avec l'Empereur. L'Infant D. Antonio était si frappé de cette idée, que lorsque le général Marquis de Castelar fut le prier de dispenser les gardes du corps d'exécuter la remise du prisonnier, et de charger de ce soin les grenadiers de milices provinciales qui concouraient à le garder, S. A. (*a*) répondit, que *cette remise*

(*a*) Voyez la lettre du général Marquis de Castelar au doyen du Conseil de Castille, insérée dans un des journaux de Madrid, du mois d'août ou de septembre 1808.

était le seul moyen de conserver au Roi son neveu le trône d'Espagne.

C'est par de semblables démarches que le Grand Duc de Berg se frayait un chemin à d'autres prétentions d'un plus grand intérêt, et plus ouvertement dirigées contre la tranquillité nationale et les droits du Souverain.

Mais à mesure que les événemens qui se succédaient avec rapidité accroissaient l'inquiétude, on vit Azanza et O-Farrill redoubler de zèle pour soutenir les droits de S. M., concurremment avec le digne président de la Junte et les autres membres qui la composaient. Le Grand Duc de Berg manda auprès de lui O-Farrill pour lui reprocher l'assassinat de quelques soldats français par des Espagnols, et lui dire que les habitans de Madrid ne dissimulaient plus leur haine pour les Français; que les gardes du corps contribuaient à les animer contre eux; qu'on avait rassemblé en Aragon jusqu'à cent mille fusils, et que le général Marquis del Socorro n'avait pas reçu l'ordre d'obéir au général français Junot comme on l'avait annoncé. O-Farrill répondit à tout, et pulvérisa ces prétendus sujets de plainte, dont la plus grande partie n'étaient qu'un prétexte pour en venir à lui déclarer qu'il avait ordre de l'Empereur de ne reconnaître en Espagne d'autre

Souverain que Charles IV, et qu'il se proposait de le rendre notoire dans une proclamation qu'il avait déjà rédigée, et dont il lui présenta le manuscrit. On y lisait que le Roi Charles déclarait son abdication arrachée par la force, qu'il l'avait annoncé ainsi à son haut et puissant allié l'Empereur sur l'appui de qui il comptait pour remonter sur le trône, persuadé qu'il retrouverait dans ses sujets la même obéissance et la même fidélité dont ils lui avaient donné des preuves depuis qu'il régnait sur eux.

O-Farrill, après avoir pris lecture de cette proclamation, ne balança pas un seul instant à déclarer au prince Murat qu'elle ne serait obéie par aucune des autorités, et moins encore par la nation, qui déjà, et dans la forme la plus solennelle, avait reconnu pour Roi Ferdinand VII. Le Grand Duc répondit que le canon et les bayonnettes l'obligeraient à obéir. O-Farrill répliqua sans s'arrêter que S. A. était le maître de recourir immédiatement à ces moyens violens, vu qu'on pouvait indifféremment opter entre les bayonnettes et la proclamation, et que le résultat serait le même. Le Prince rompit l'entretien, laissant O-Farrill seul avec M. le Comte de Laforest; et revenant un moment après, il lui demanda s'il persistait dans son opinion. Celui-ci lui protesta qu'il était loin d'en changer, et qu'au contraire, en répétant que si l'Empereur était capable de fonder l'édifice de sa gloire sur les ruines de l'Espagne, il pouvait choisir indifféremment entre ces deux moyens, la proclamation ou la bayonnette, il croyait devoir ajouter qu'il ne perdit pas de vue que le sort de l'Espagne ne dépendait pas de celui de la capitale, et que la monarchie espagnole dépendait bien moins encore de l'Espagne seule ; il démontra que ce plan serait si impolitique de la part de l'Empereur, que les Anglais, avec qui on était en guerre, lui sauraient un gré infini de l'avoir adopté. Cet argument amplifié et renforcé par tout ce que l'énergie du sentiment le plus vrai put inspirer à O-Farrill termina la conférence ; le Prince conclut en disant qu'il traiterait cette affaire avec la Junte, à laquelle O-Farrill ayant pris congé de lui, fut immédiatement faire son rapport.

La Junte de Gouvernement, informée de ce qui s'était passé, reçut, étant réunie, un message du Grand Duc, qui lui enjoignait de nommer deux de ses membres pour conférer le même soir avec lui sur une affaire de la plus haute importance. Le choix de la Junte désigna Azanza et O-Farrill. La conférence dura quatre

quatre heures, et M. le Comte de Laforest y assista. L'importance de cet entretien oblige les auteurs de ce Mémoire à entrer dans quelques détails ; d'autant mieux qu'ils sont persuadés d'y avoir défendu, avec toute l'énergie qu'on pouvait attendre d'eux, les prérogatives du trône et les principes sur lesquels repose le bonheur des Etats. Le Grand Duc et M. de Laforest s'efforcèrent de leur prouver que l'abdication du Roi avait été forcée, que par conséquent il était pleinement en droit de reprendre la couronne, et que Charles IV ayant manifesté à l'Empereur qu'il protestait contre l'acte de sa renonciation, et ayant reclamé sa protection, celui-ci ne pouvait voir avec indifférence que le Souverain d'un pays limitrophe, son ami et son allié, fût contraint à descendre du trône par la désobéissance de sa garde, ou par un mouvement populaire. Azanza et O-Farrill discutèrent en détail toutes les objections que le Grand Duc leur opposa, et lui démontrèrent que le soulèvement du peuple et de la garde n'avait eu pour origine que la crainte de voir le Roi et toute sa famille abandonner l'Espagne pour passer en Amérique, comme on ne l'avait déjà que trop répandu ; que dans le plus haut période de l'effervescence populaire, on n'avait signalé ni insultes, ni menaces, ni le moindre oubli du respect dû à la Majesté Royale ; que le Roi avait fait pressentir son abdication avant même les troubles d'Aranjuez ; que l'état de sa santé avait pu le porter à cette démarche ; qu'il l'avait ainsi déclaré au corps diplomatique, à toute la cour, au Conseil de Castille, et le Conseil à la nation ; et enfin que les lois et les usages, établis en des cas pareils, ne laissaient pas le Souverain qui avait abdiqué maître de remonter sur le trône par le simple énoncé de sa volonté, lorsque son fils et son héritier légitime avait déjà été reconnu, et que ce retour exigeait d'autres formalités dont on ne pouvait en Espagne négliger l'accomplissement. Ils mirent fin à leurs longs raisonnemens, en protestant au nom de la Junte, et en se déclarant non comptables des malheurs qui seraient la conséquence immédiate et inévitable de la mise en exécution d'un semblable projet.

Quoique le Duc de Berg, sans s'arrêter à ces réflexions, déclarât qu'en sa qualité de général de l'armée de l'Empereur, il devait exécuter ses ordres sans aucune restriction, et que s'il en résultait quelque mal, la Junte en serait responsable, l'énergie qui respirait dans les réponses qui lui furent faites ne laissa pas de mettre des bornes à sa vivacité et à l'étendue de ses projets. Ces réponses furent approuvées par la Junte; et quant à la réplique verbale qu'elle se décida à donner au Grand Duc, et dont elle chargea Azanza et O-Farrill, on décida qu'elle se réduirait à lui déclarer : 1.º que c'était le Roi Charles, et non le Duc de Berg, qui devait communiquer à la Junte sa résolution de reprendre les rênes du Gouvernement, et que la Junte se bornerait à répondre au Roi Charles qu'elle avait reçu sa lettre et qu'elle en donnait connaissance au Roi Ferdinand VII, dont elle continuerait à suivre les ordres comme par le passé; 2.º que le Roi Charles IV, qui était déjà résolu de se rendre à Bayonne, ne devrait exercer dans son voyage aucun acte de souveraineté; 3.º que l'on tiendrait cette affaire dans le plus profond secret d'une et d'autre part, et qu'elle ne serait rendue publique ni par un ordre du jour de l'armée, ni par aucun autre moyen. Le Grand Duc offrit de son côté de se rendre en personne à l'Escurial, d'informer Charles IV sur tous ces points, et de l'engager à n'en faire part à personne (*a*).

Le Grand Duc remplit sa promesse, et en conséquence de sa visite au Roi Charles, celui-ci adressa à l'Infant D. Antonio, comme président

---

(*a*) Voyez la note G.

de la Junte de Gouvernement, une lettre dont l'objet était de lui faire savoir que son abdication avait été forcée, et qu'il ressaisissait le sceptre (*a*). La Junte se contenta de lui répondre respectueusement qu'elle envoyait sa lettre au Souverain qui lui avait confié le gouvernement de la monarchie, et qu'elle attendrait, sans rien innover, les ordres qu'il daignerait lui dicter pour s'y conformer en tout. En effet, la Junte remit au Roi Ferdinand la lettre de son auguste père qui peu de jours après partit pour Bayonne; elle l'informa en même temps et très prolixement des détails de cette importante affaire. Jusqu'alors il n'était pas parvenu aux oreilles de la Junte, sinon comme un bruit dénué de fondement et de vraisemblance, que l'abdication du Roi Charles eût été forcée, qu'il eût protesté contre cet acte, ni qu'il en eût touché un seul mot à son auguste fils lorsque celui-ci fut le visiter à Aranjuez, ou lors de la lettre dont il a été fait mention dans la première époque; elle put soupçonner que toutes ces démarches, suggérées par le Grand Duc de Berg, avaient pour but de faciliter l'exécution des plans que l'on projettait à Bayonne, mais jamais elle ne crut que ses facultés s'étendissent à rien autre qu'à don-

---

(*a*) Voyez la note 7.

ner connaissance au Roi Ferdinand de ces événemens, pour le mettre dans le cas d'agir et d'expédier les ordres qu'il jugerait convenables.

Après de mûres réflexions sur la nature de ces affaires, et sur le manque d'autorité et d'instructions où elle se trouvait pour opérer dans des cas aussi embarrassans qu'imprévus; la Junte décida qu'un de ses membres se rendrait à Vittoria, pour instruire S. M. de ces nouveaux sujets d'inquiétude, et des détails que l'on n'avait pu transmettre dans les dépêches journalières; mais ayant appris, dans la nuit même où cette mesure fut arrêtée, que S. M. était partie de Vittoria pour Bayonne, elle attendit tout de son entrevue avec l'Empereur, et les lettres de S. M., datées du jour du départ de Vittoria, et de celui de son arrivée à Bayonne la confirmèrent dans cette espérance (a).

Cependant, dès ce moment, le Grand Duc manifesta dans ses rapports avec la Junte plus d'aigreur et moins de dissimulation. La moindre querelle, la mort violente de quelques Français occasionnée par l'exaltation des esprits que fomentait leur conduite, tout rassemblement produit par l'inquiétude avec laquelle le peuple

---

(a) Voyez la note 8.

attendait et désirait des nouvelles de son Roi, étaient qualifiés de rassemblemens séditieux ou de tumultes populaires. Ces incidens fournirent le motif ou le prétexte de la lettre accablante, remplie de plaintes et de reproches, que le Grand Duc adressa à l'Infant D. Antonio (*a*) le 23 avril. On verra dans la réponse que fit la Junte, jusqu'à quel point elle s'efforça de conserver sa dignité, de soutenir le conseil de Castille et les autres autorités qui l'aidaient dans l'exercice de ses fonctions, et de répondre à la confiance dont S. M. l'avait jugée digne (*b*).

Dans ces entrefaites, le Grand Duc avait fait connaître à la Junte que l'Empereur désirait réunir à Bayonne un certain nombre de notables du royaume, en colorant cet appel d'un prétendu intérêt national; pendant qu'elle délibérait sur cette proposition, il mandait près de lui quelques individus qu'il se proposait de choisir pour remplir les intentions de l'Empereur; mais tous s'accordant à lui répondre qu'ils ne pouvaient sortir de Madrid sans les ordres de la Junte, on demanda de nouveau qu'elle s'expliquât d'office à ce sujet, et la réso-

---

(*a*) Voyez la note 9.
(*b*) Voyez la note 10.

lution qu'elle adopta fut celle de délivrer les passeports jusqu'à la frontière, en prévenant les individus nommés qu'ils eussent à y attendre les ordres ultérieurs de S. M., à qui on rendit compte de tout.

Cette demande du Grand Duc de Berg, à laquelle la Junte se vit forcée d'obtempérer de la manière qui vient d'être exposée, n'avait, ni dans son importance, ni dans les circonstances qui l'accompagnaient, une influence sur la conservation du trône au Roi Ferdinand, comparable à celles de plusieurs autres auxquelles elle se refusa avec constance, quoique obligée à ne trangresser dans aucun cas les règles qu'on lui avait prescrites.

Le dernier jour d'avril ou le premier mai, le Grand Duc se présenta au palais pour communiquer à l'Infant D. Antonio une lettre du Roi Charles IV qui lui demandait de faire partir pour Bayonne la Reine d'Étrurie et l'Infant François de Paule. La Junte, qui en ce moment même se trouvait réunie, ne pouvant donner son assentiment à une mesure de cette nature, offrit d'en référer à S. M. et d'attendre ses ordres; mais le Grand Duc insista, en disant que la Reine d'Étrurie était maîtresse de ses actions, et qu'il suffisait de son agrément; et que la minorité de l'Infant lui faisait la loi d'obéir à son auguste père. Le président et la Junte répondirent qu'ils consulteraient la Reine d'Étrurie, mais qu'ils ne pouvaient dans aucun cas consentir au départ de l'Infant.

Après cette conférence, la Reine d'Étrurie, dont on sonda les intentions, fit connaître qu'elle était déjà déterminée à ce voyage, et peu d'heures après un ou deux envoyés se présentèrent pour exiger que l'Infant partît, en donnant à entendre qu'en cas de besoin le Grand Duc était résolu à employer la force. La Junte demanda du temps pour délibérer, et appelant à ses séances MM. les gouverneurs et doyens des Conseils suprêmes, elle députa trois de ses membres au Grand Duc de Berg pour lui exposer les raisons qui l'empêchaient de consentir au départ de l'Infant François de Paule ; toutes les représentations ayant été inutiles, elle convoqua pour la même nuit les gouverneurs et doyens des Conseils, et s'adjoignit en outre deux membres de chacun d'eux qui, depuis lors, assistèrent à ses délibérations les plus importantes.

La séance qui eut lieu dans la nuit du 1.er au 2 mai, fut interrompue par de fréquens messages du Grand Duc qui apportaient à la Junte différentes propositions ; il annonçait entre autres choses, que si la Junte persistait dans ses refus, il proclamerait le lendemain le Roi Charles IV, et prendrait en son nom les rênes du gouvernement militaire. Insensible à ces menaces, la Junte répondit qu'elle ne pouvait, sans l'agrément de S. M., consentir au départ de l'Infant. Alors le Grand Duc, désespérant de faire fléchir la Junte, changea de batterie, et lui fit signifier que, respectant les raisons dont elle accompagnait son refus, il prenait sur lui les résultats de cette affaire, et que dans le silence de la nuit il enverrait arracher du palais le jeune Infant et prendrait des mesures suffisantes pour surmonter tous les obstacles qu'on essayerait de lui opposer.

Des réunions de la Junte, celle-ci fut la plus orageuse. Toutes les idées, toutes les mesures que pouvaient suggérer les circonstances comme capables d'épargner à la nation le joug qu'on voulait lui imposer, furent proposées et débattues par les membres qui la composaient et dont le nombre était de vingt environ. On voyait clairement que la conduite des troupes françaises et de leurs généraux était plutôt celle d'un ennemi que d'un allié; mais on fut unanimement d'accord qu'il fallait cacher avec le plus grand soin les mesures de précaution qui furent décidées. La Junte crut que non seulement elle ne pouvait prendre sur elle l'exécution d'aucun projet hostile, mais qu'elle devait consulter S. M. avant de le laisser transpirer, pour ne pas augmenter l'embarras où se trouvait sa personne Royale par le sinistre aspect que prenaient les négociations. Sur la proposition d'un des membres, de résister à main armée à l'enlèvement de l'Infant D. François de Paule, un second demanda à O-Farrill, qu'en sa qualité de ministre de la Guerre il produisît les données qu'il avait sur la force effective des Français et sur les moyens de leur résister. Celui-ci répondit par un rapport très-étendu qu'il termina en disant : que dans la situation où se trouvait Madrid, résister en armes à quelque violence que ce fût de l'armée française, serait exposer la ville à une ruine totale, et entraîner la nation à la guerre. O-Farrill ayant sollicité la mise aux voix d'une proposition de cette importance, et son Altesse l'ayant ainsi ordonné, la résolution de rejeter tout projet hostile fut bien soudaine et unanime, ainsi que celle d'adopter en principe qu'il fallait calmer les esprits, prévenir par tous les moyens possibles les mouvemens populaires, et les réprimer au besoin en nous servant de nos propres forces.

Les résultats de cet incident ont dû faire naître tant de jugemens différens sur le parti qui fut adopté, que nous croyons devoir présenter un état exact de la situation militaire et politique de la capitale à cette époque. Les Français réunissaient 25 mille hommes dans Madrid et les environs, et s'étaient portés au nombre de 10 mille sur Aranjuez, Tolède et l'Escurial. Les hauteurs qui dominent *la casa de campo* et les casernes du *Retiro* étaient occupées par leurs troupes, proportionnellement soutenues par l'artillerie légère. La garnison de Madrid pouvait s'élever à 3000 hommes ; le peuple désarmé n'avait jamais été organisé en corps de milices, il ignorait l'usage et l'exercice des armes. Tenter de lui donner une attitude militaire, sans aucun plan et sans règles dans l'emploi de ses forces, c'eût été repandre sur lui les semences du désordre et du carnage. Dans une ville ouverte et d'une enceinte étendue, dominée de tous côtés et sans préparatifs pour sa défense, la garnison eût été réduite à se rendre, ou si elle eût voulu se frayer par son courage un chemin au travers des ennemis, elle eût péri en grande partie, et ce qui ne serait pas tombé sous le fer des Français eût été entièrement dispersé. Le hasard voulut aussi que cette même nuit se présentât un membre du Conseil de Navarre (D. Justo Maria de Ibar-Navarro), émissaire de confiance que S. M. dépêcha de Bayonne pour informer la

Junte de ce qui s'y passait, c'est-à-dire, des tentatives de l'Empereur pour l'engager à renoncer à la couronne que Napoléon voulait placer sur la tête d'un de ses frères ; de la proposition de lui donner en échange le royaume d'Etrurie; des réponses faites par S. M. et de la ferme résolution où elle était de n'accéder à aucun arrangement qui ne serait pas compatible avec la dignité du trône et la justice de ses droits; mais lui enjoignant, jusqu'à la décision de cette importante affaire, de se conserver en paix et en bon accord avec les Français, évitant de faire naître tout incident qui pût compromettre le sort incertain des négociations, et peut-être même la personne de S. M.

La Junte était trop profondément pénétrée de la situation critique du royaume, pour ne pas connaître la nécessité d'agir avec la plus grande prudence, et de préparer, dans le plus profond secret, toutes les mesures qu'il conviendrait de prendre par anticipation, en supposant que le Roi lui ordonnât d'abandonner le plan de conduite qu'il lui avait prescrit. A cette fin, dans les derniers jours d'avril, on avait arrêté, et S. A. avait ordonné, que deux individus de la plus entière confiance (*a*) se

---

(*a*) D. Evaristo Perez de Castro, chef de bureau de la

rendissent à Bayonne sous différens prétextes, pour soumettre à S. M. quatre points principaux, propres à régler la conduite de la Junte dans les différentes conjonctures où elle pouvait se trouver ; à savoir, 1.º s'il convenait d'autoriser la Junte à substituer ses pouvoirs à d'autres personnes que S. M. désignerait, pour qu'au besoin elles se transportassent sur des points où elles pourraient agir librement, dans le cas où la Junte serait privée de son indépendance ? 2.º si la volonté de S. M. était qu'on commençât les hostilités, quand et comment on devait y procéder ? 3.º s'il était urgent de défendre dès-lors l'entrée de l'Espagne à de nouvelles troupes françaises, en fermant les passages aux frontières ? 4.º si S. M. jugeait à propos de convoquer les Cortès, en adressant son décret Royal au Conseil, ou à défaut, à toute chancellerie, ou audience du royaume qui serait hors de l'atteinte des troupes françaises, si, à sa réception, le conseil de Castille se trouvait, comme il était probable, dans l'impossibilité de l'exécuter. (*a*)

---

première secrétairerie d'État; et D. Joseph de Zayas, alors chef de bataillon : celui-ci fut arrêté à la frontière, et le premier put seul communiquer avec S. M. le 4 mai.

(*a*) Quoique M. Cevallos déclare que ce fut la

Pour gagner du temps, en semblable occurrence, la Junte devança la réponse de S. M. et envoya en lieu sûr une des personnes qui pouvaient la remplacer (*a*), chargée de mander à deux autres individus qui se trouvaient hors de Madrid ce qu'ils avaient à faire pour se réunir sur un point non occupé par les troupes françaises, et y établir la nouvelle Junte au moment où l'on recevrait les ordres du Roi.

Sans nous écarter des ordres réitérés que la Junte avait reçus de pourvoir à la tranquillité publique et de ne fournir aucun prétexte à une guerre avec la France, nous préparâmes en silence les moyens de la soutenir. Entre autres, nous tînmes prêts les ordres nécessaires pour faire sortir la garnison de Madrid, fût-ce en lui enjoignant de se disperser ou en l'engageant à déserter; pour la destruction de tous les moyens de transport aux environs des places et cantonnemens occupés par les Français, la réunion des troupes sur des points déterminés, l'approvisionnement de munitions de guerre

---

Junte qui proposa ces mesures, cependant il donne à entendre qu'elle pouvait les mettre à exécution sans recourir à S. M.

(*a*) D. Philippe Gil de Taboada, alcalde *de corte*.

et de bouche, l'enclouage et la fracture de l'artillerie et des armes que l'on ne pourrait employer ou conserver. Il n'eût fallu que quelques heures pour faire circuler ces ordres dès qu'on y aurait été suffisamment autorisé.

C'est par de semblables mesures, et par plusieurs autres dispositions, que la Junte se préparait à affronter l'orage qui déjà menaçait évidemment et l'Etat et le Roi. Mais sa sollicitude entière se portait sur les moyens d'éviter tout événement capable de compromettre la population de Madrid, et de porter le peuple de la capitale à se sacrifier sans utilité pour n'obtenir au prix de son sang que de funestes résultats. Cette catastrophe était d'autant plus à craindre, que le départ de la Reine d'Étrurie avait réveillé plus que jamais les soupçons du public relativement à celui de l'Infant D. François de Paule, que le Grand Duc pressait incessamment, et qu'il paraissait vouloir effectuer dans la matinée du 2 mai. Depuis le point du jour, la cour du palais se remplit de femmes attirées par la curiosité et l'inquiétude. L'arrivée d'un aide-de-camp du Grand Duc fait croire qu'il vient demander la personne de l'Infant; le tumulte commence, l'adjudant demande main-forte à une patrouille qui, dans le moment, vient à passer, l'alarme fait des progrès, elle se répand dans les rues qui avoisinent le palais, et au bout d'une demi-heure la fusillade se fait entendre sur tous les points de la capitale. Les officiers et soldats des deux nations qui se trouvent hors de leurs casernes, se hâtent de s'y rendre pour être prêts en cas d'appel : chacun, suivant sa manière de voir, croit qu'ils courent aux armes pour attaquer ou se défendre, et voilà en un clin-d'œil Madrid devenu semblable à une ville ouverte, attaquée par l'ennemi, sans avoir préparé sa défense, et sans même y avoir songé. L'incendie allumé par l'animosité qui régnait dans tous les esprits, attisé par les premiers désastres, et nourri par tant d'élémens destructeurs, allait réduire la ville en cendres, et ensevelir sous ses ruines sa nombreuse population, si l'on n'y portait un prompt remède.

Pour calmer les esprits, Azanza et O-Farrill commencèrent à parcourir à pied les rues qui aboutissent au palais ; mais voyant que le tumulte allait croissant et que les rassemblemens, guidés par le bruit répandu que les Infans étaient attaqués, se dirigeaient sur le palais, ils y revinrent eux-mêmes, prirent les nouveaux ordres de l'Infant D. Antonio, et montèrent les chevaux des gardes du corps qui étaient de service, pour pouvoir se porter plus

plus facilement et plus promptement sur tous les points. Tous deux se rendirent d'abord auprès du Grand Duc, qui était alors à la tête de ses troupes sur les hauteurs de Saint-Vincent. Ils lui représentèrent que le tumulte populaire n'était pas la suite d'un plan concerté, mais le résultat de faux bruits; qu'il serait facile de ramener l'ordre en arrêtant et la marche et le feu des troupes, et ils s'engagèrent à rétablir la tranquillité si on leur donnait un des généraux pour les accompagner. Le Grand Duc adopta cette mesure et leur adjoignit le général Harispe (*a*).

Suivis de ce général et d'un petit nombre d'officiers français et espagnols, Azanza et O-Farrill se présentèrent à la porte du Conseil de Castille, pour lui demander de les aider à calmer la fureur du peuple. Le Conseil Royal avait déjà préparé à cet effet une proclamation succincte, et fait avertir les autres pour qu'ils concourussent tous à la pacification en parcourant les rues, ce qui s'exécuta; et on se divisa en deux troupes, au sortir de la rue d'Atocha.

A l'arrivée d'O-Farrill dans la rue d'Alcala, on lui fit remarquer une foule de marchands

---

(*a*) Voyez la note 11.

catalans, arrêtés par des Français, et accusés d'avoir été pris les armes à la main. O-Farrill fit entendre au chef de la troupe française que ces hommes, en raison du trafic qu'ils exerçaient, avaient la permission d'user d'armes à feu et de les garder dans leur domicile; que le nombre des victimes innocentes immolées ce jour là n'était déjà que trop considérable; et ces raisons, appuyées par le général Harispe, conservèrent la vie à ces malheureux et leur firent rendre la liberté, aux applaudissemens unanimes du peuple.

Les Conseils se retirèrent après avoir parcouru la partie la plus agitée de la ville, et Azanza et O-Farrill ayant informé de tout l'Infant D. Antonio, retournèrent vers le Duc de Berg pour lui demander qu'il retirât ses troupes des points qu'il avait occupés dans la journée; qu'il rendît libres les communications intérieures pour que les habitans pussent retourner chez eux, et qu'attendu la publication de l'amnistie générale, on cessât toute disposition hostile. Le Grand Duc y consentit; mais soit qu'il eût tardé d'envoyer ses ordres, soit que ses officiers ne les eussent pas reçus à temps, ou que, maître absolu de la force armée, il voulût, avant de s'en dessaisir, effrayer les esprits par de sanglantes leçons, il est certain, que cette même nuit, on fusilla au Prado plusieurs citoyens arrêtés pendant le tumulte. Leur sang répandu fut une semence de haine et de vengeance ; sentimens trop bien justifiés par une conduite aussi atroce (*a*). Le sacrifice de ces victimes fut hâté par une commission militaire française, établie le même jour, et que les sollicitations de la Junte firent supprimer le lendemain. Le Conseil contribua de son côté à cette suppression, par une députation qu'il envoya au Grand Duc.

Dans ces entrefaites, le capitaine général de la province, D. Francisco-Xavier Negrete, était venu prendre au palais les ordres de la Junte. On approuva ceux qu'il avait déjà donnés pour faire rentrer la garnison dans ses quartiers respectifs, et on lui enjoignit d'envoyer dans les faubourgs quelques officiers de confiance pour arrêter les progrès du désordre. Plusieurs officiers d'artillerie avaient déjà exécuté cette disposition, en s'opposant à ce que le peuple enlevât les armes du parc ; mais trompés par le bruit, faussement répandu,

---

(*a*) Le Conseil de Castille rapporte, dans son Manifeste, que le nombre des habitans morts ce jour là s'éleva à 104, celui des blessés à 54, et que celui des individus dont on ignore le sort fut de 35.

4.

qu'un régiment espagnol était attaqué dans ses propres casernes, ils ouvrirent les portes du parc d'artillerie, sortirent avec les soldats et deux ou trois pièces de canon, firent feu sur une colonne de troupes françaises qui les chargea ; et telle fut la cause de la mort déplorable des deux estimables officiers, Daoiz et Velarde. De là vint l'aversion particulière des Français pour le corps des artilleurs espagnols ; cependant O-Farrill ayant su le soir même, par le général Negrete, que quelques canoniers étaient prisonniers dans un des campemens de l'armée française, il réclama sans délai leur liberté, et l'obtint.

Dans la matinée du jour suivant, 3 mai, l'Infant D. François de Paule fut emmené de Madrid, et le soir du même jour, M. le Comte de Laforest et M. Fréville demandèrent à l'Infant D. Antonio une audience secrète. On se représentera facilement la consternation et l'abattement qui s'étaient emparés de S. A., après les scènes cruelles des jours précédens, dans l'isolement où elle se trouvait par l'absence de toutes les personnes Royales, accablée sous le poids et les entraves d'une autorité qui l'exposait à se voir à chaque instant traitée avec peu de considération, et dévorant l'impression douloureuse que produisaient dans son âme les nouvelles positives qu'elle avait reçues. Le Prince savait que l'Empereur avait déclaré au Roi son neveu, qui s'était de lui-même livré entre ses mains, sa résolution de transférer la dynastie d'Espagne en Étrurie, et de placer un de ses frères sur le trône espagnol. On ne doit donc pas s'étonner si S. A. désespérant de trouver un remède à ces maux, et voyant le sort de la monarchie presqu'irrévocablement décidé, voulut attacher le sien à celui de son auguste neveu, et chercha dans leur réunion des consolations réciproques; en effet, elle annonça dans la nuit aux ministres que son intention était de partir pour Bayonne le lendemain à la pointe du jour.

Depuis le message de D. Justo Maria Ibar Navarro, S. M. n'avait rien indiqué à la Junte sur le système de conduite qu'elle devrait adopter, dans une situation si imprévue, qui devait mettre le comble à son incertitude. La Junte dépeignit à S. A. l'embarras où elle allait se trouver, et la supplia instamment de ne pas lui enlever, en l'abandonnant, l'autorité et la haute considération que lui donnait sa présence infiniment plus nécessaire à Madrid qu'à Bayonne pour soutenir les droits de S. M. et les intérêts de la famille Royale. L'Infant répondit qu'il avait donné sa parole et que sa résolution était irrévocable. Ce fut ainsi qu'il prit congé de la Junte. Il lui laissa, avant de quitter Madrid, le 4 au matin, un billet adressé au doyen, le bailli D. Francisco Gil de Lemus, ministre de la Marine, par lequel il lui annonçait son départ, le prévenant que la Junte eût à continuer, comme par le passé, l'exercice de ses fonctions administratives. Si jusqu'alors elle avait nourri l'espoir de conserver ses Souverains légitimes, les derniers propos de S. A. et son billet d'adieux la jetèrent dans un abîme de douleur, et ne lui laissèrent que la désespérante conviction que le rétablissement de S. M. au trône de ses ancêtres était devenue impossible même aux yeux de S. A. (*a*).

Voilà donc l'état où se trouvait le royaume au départ de l'Infant D. Antonio, et le précis des principales opérations de la Junte de Gouvernement sous sa présidence. Il nous suffira d'avoir signalé rapidement les événemens les plus marquans de cette époque. Notre intention n'est pas d'écrire l'histoire de la révolution, et de narrer prolixement des détails que tout le monde connaît, et dont le public a pu être suffisamment instruit par les Manifestes

---

(*a*) Voyez la note 12.

et les écrits qui renferment en entier le récit des événemens dont Madrid et Bayonne furent alors le théâtre (*a*).

Qu'est-il besoin de prendre en main la cause de la Junte suprême de Gouvernement, tant qu'elle fut présidée par l'Infant D. Antonio. Ne suffirait-il pas, pour justifier la conduite des deux ministres, qui, en vertu de leur emploi, en faisaient partie, d'invoquer le témoignage de tant de personnages de distinction qui assistaient aux séances, et par-dessus tout celui de son auguste président. S. A. n'aura pas oublié les opinions et les votes d'Azanza et d'O-Farrill ; elle sait mieux que personne s'ils montrèrent un attachement inviolable à leur Souverain ; si, dans les fréquentes et par fois orageuses conférences avec le Grand Duc de Berg, ils ont jamais manqué de s'opposer à tout ce qui blessait les droits de S. M. ; s'ils exécutaient avec activité les décisions dont la Junte leur confiait l'accomplissement ; et enfin si, durant cette époque, ils donnèrent des preuves de leur zèle et de la loyauté de leurs sentimens. Dans aucun cas, les erreurs de la

---

(*a*) Tels sont le Manifeste du Conseil Royal et les Exposés de MM. Cevallos, ministre d'État, et Escoiquiz, conseiller d'Etat.

Junte, si elle en a commis, ne peuvent donner lieu à accusation contre eux, mais contre la Junte en entier et son respectable président, vu, qu'après avoir soumis toutes les affaires à un profond examen et à une mûre délibération, S. A. fut constamment de l'avis qu'embrassait la pluralité. Quoique la Junte ait été lors de sa création composée de quatre ministres, elle jugea bientôt nécessaire de s'adjoindre d'autres personnes de haut rang, tels que MM. le Prince de Castelfranco et le Comte de Montarco ; le doyen du Conseil Royal assistait très-fréquemment à ses séances, et dès que les affaires qu'elle avait à traiter prirent un caractère plus grave, les gouverneurs et doyens des Conseils, et les Conseils eux-mêmes, par une députation de deux membres, concoururent à sa formation. Tout y était mis aux voix hors les cas d'unanimité absolue ou d'une pluralité bien prononcée, et jamais l'opinion d'un seul ne l'emporta sur la majorité. On ne peut donc faire un crime personnel, ni à eux, ni à aucun autre votant, des omissions, des actes, ni des ordres sur lesquels on se fonderait pour accuser la Junte d'avoir abandonné les règles qui lui étaient prescrites, et la route qu'elle devait suivre pour répondre à la confiance de S. M.

En résumé, les chefs d'accusation articulés contre la Junte, en outre de la délivrance de D. Emmanuel Godoy, se réduisent à trois principaux. On lui reproche, 1.° de ne s'être pas transportée en lieu sûr et libre; 2.° de n'avoir pas préparé les hostilités; 3.° de n'avoir pas convoqué les Cortès. Azanza et O-Farrill répondront à la fois à ces trois inculpations, par des moyens qui justifient d'une manière concluante la conduite de la Junte. Comme nous l'avons dit plus haut, elle ne reçut du Roi, lorsqu'il partit de Madrid, d'autre instruction que l'ordre verbal de conserver la meilleure intelligence et la plus parfaite harmonie entre elle et les Français; cet ordre fut renouvelé de Vittoria et de Bayonne. Le Conseil privé qui accompagna le Roi dans son voyage fut témoin du manège étudié, employé pour attirer S. M. de Burgos à Vittoria et de Vittoria à Bayonne; tous ses membres eurent connaissance de la lettre écrite par l'Empereur au Roi Ferdinand, dans laquelle il ne lui donnait que le titre d'*Altesse*, et conçue de manière à réveiller les soupçons de plusieurs d'entre eux et à leur faire connaître que l'on marchait droit au précipice. Comment se fit-il que personne ne suggérât à S. M. l'idée de faire sortir de Madrid la Junte de Gouvernement, ou celle plus convenable encore de nommer une régence, attendu que la Junte n'avait été créée que pour expédier les affaires courantes pendant l'absence du Roi, et ne suffirait plus à la nation dans le cas où le Roi s'absentait de son royaume? Et pourquoi, loin d'ordonner à la Junte par la lettre du 18 avril, au moment de quitter Vittoria, ou par celle du 20 du même mois, jour de l'arrivée à Bayonne, qu'elle s'occupât de mesures hostiles, et qu'elle fît des préparatifs pour cela, lui laisse-t-on croire au contraire que la négociation avec l'Empereur présentait l'aspect le plus favorable, et annonçait à S. M. les plus heureux résultats?

Il n'appartient pas à Azanza et O-Farrill de scruter les motifs qui portèrent les conseillers du Roi à l'engager à continuer son voyage de Burgos à Vittoria, et moins encore de Vittoria à Bayonne; mais il est certain que si S. M. qui, depuis le jour de son entrée dans cette ville, fut informée que l'Empereur demandait qu'on cédât l'Espagne pour la Toscane, eût voulu dès-lors opposer la force à une prétention aussi extraordinaire qu'inattendue, elle eût donné ses ordres à la Junte pour qu'elle agît en conséquence; et bien loin de lui remettre aucune instruction à cet effet jusqu'à la fin d'avril, lorsque la correspondance avec la Junte était facile, on lui renouvelle l'ordre de conserver le plus parfait accord avec les Français. Quand même dans toute autre occasion, et en temps opportun elle eût été revêtue des pouvoirs les plus étendus, elle se serait toujours crue enchaînée par cette restriction, tant qu'elle n'aurait pas été formellement annullée.

C'est ainsi que la Junte elle-même proposa, comme on l'a dit plus haut, et sans y être excitée par personne, les quatre mesures dont l'inexécution lui est aujourd'hui reprochée avec tant d'injustice. Pouvait-elle perdre de vue que, quelle que fût la mesure hostile que l'on eût adoptée pendant les négociations de Bayonne, elle aurait servi de prétexte à l'Empereur pour arriver à ses fins ? Alors, certes, alors la nation aurait pu avec raison accuser la Junte d'avoir compromis le Roi, et d'être la cause de la perte de sa couronne. On n'ignore pas les menaces et les reproches que S. M. eut à souffrir, lorsque son auguste père, en présence de l'Empereur, lui attribua tous les malheurs du 2 mai que l'on supposait occasionnés par ses ordres secrets, tandis que la Junte n'y eut d'autre part que celle d'avoir cherché opiniâtrément à éviter ce désastre et à le paralyser lorsqu'il eut lieu. Quel poids n'eut-on pas donné à ces conjectures si elle eut, de quelque manière que ce fût, pris l'initiative en traitant les Français comme ennemis?

Révoquera-t-on en doute la possibilité qu'il y eut, jusqu'aux derniers jours d'avril, de communiquer à la Junte les intentions formelles de S. M. On en verra la preuve dans une lettre confidentielle qui est entre nos mains, adressée à Azanza par M. de Cevallos, sous la date du 27; nous en donnons ici la copie exacte, (*a*) pour qu'elle mette au jour la loyauté de ses sentimens qu'il n'eût pas osé dévoiler avec autant de confiance, s'il n'eût écrit à un collègue qui les professait tout comme lui, et qui prenait un égal intérêt à la triste situation de S. M. Le même ministre d'État assure (*b*) avoir eu à sa disposition, dans les circonstances les plus critiques, les moyens de correspondre avec la Junte. « Je pris alors, dit-il, » la précaution d'envoyer mes dépêches par » duplicata et par différentes voies, et je parvins ainsi à donner connaissance à la Junte » de Gouvernement de l'état d'oppression et » d'arrestation où se trouvait le Roi. » Pour-

---

(*a*) Voyez la note 13.
(*b*) Page 33 de son Exposé.

quoi donc, si telle était la volonté du Roi, ne pas profiter de ces mêmes occasions pour lui indiquer qu'elle devait abandonner le système de bon accord avec les Français, et recourir aux armes pour repousser les projets qu'ils avaient dévoilés (*a*). Quel qu'eût été le Gouvernement que le Roi eût laissé à Madrid, il n'eût pu, sans une approbation expresse de S. M., prendre sur lui une détermination hasardée, si opposée à ses ordres, et des résultats de laquelle on avait à répondre devant la nation et le Roi lui-même, qui avait répété plusieurs fois que l'on pouvait mettre sa personne en danger. Que ce même D. Justo Maria de Ibar Navarro, qui vint en secret de Bayonne à Madrid, avec la commission dont nous avons parlé plus haut, rende ici hommage à la vérité ! Quelle meilleure occasion que celle de cet envoyé de toute confiance, pour remettre à la Junte, si telles étaient les intentions du Roi, un ordre positif de se constituer en régence du royaume, de prendre rigoureusement toutes les mesures de précaution, de déclarer la guerre ou d'opérer comme si elle était déclarée, si dans un laps de temps court et bien déterminé, elle ne recevait pas un ordre formel qui annullât

---

(*a*) Voyez note 14.

celui-ci ? Quel moment plus favorable pouvait
s'offrir pour augmenter les pouvoirs de la Junte,
en les élevant au niveau des circonstances, et
pour lui communiquer des instructions claires
et précises, au lieu de lui répéter, par l'organe
de ce même envoyé qui exécuta sa commission
en présence d'une assemblée très-nombreuse,
présidée par l'Infant D. Antonio, qu'elle eût à
continuer de se maintenir en parfaite harmonie
avec les Français, et à éviter de compromettre
le résultat de la négociation entamée.

Si la Junte se fût crue autorisée à agir indépendamment des ordres du Roi, ou en sens
contraire, elle n'y aurait été que trop portée par
la conduite inconsidérée du Grand Duc de Berg;
mais dirigée seulement par les alarmes que lui
causait la fatale tournure que prenaient les
affaires, elle se borna à recourir aux mesures
qui paraissaient exécutables dans cette crise politique. Telles furent, 1.° celle de chercher une
personne sûre chargée d'aller à Bayonne, et de
travailler à l'évasion du Roi, que l'on disait être
possible : on choisit pour cette expédition un
homme de Soria ou de Cervera de Alhama,
dont le nom ne nous est pas présent, mais qui
doit figurer dans les comptes de la trésorerie
générale, attendu qu'on lui fit ordonnancer une
somme quelconque pour les frais de ce voyage

dont on ignore le résultat ; 2.° celle d'expédier, comme il est dit ci-dessus, deux émissaires secrets qui, à l'insu l'un de l'autre, devaient se présenter au Roi à Bayonne, et recevoir ses ordres précis sur les quatre points détaillés précédemment ; 3.° celle d'ordonner à M. le Comte de Ezpeleta, capitaine général de Catalogne (*a*), à D. Antonio Escaño, lieutenant général de la marine, et à D. Philippe Gil de Taboada, alcalde *de casa y corte*, d'être prêts à se réunir en lieu sûr et hors de la domination française, pour se substituer à la Junte, en cas que l'on reçût de S. M. l'ordre d'agir en sens contraire du système adopté et suivi jusqu'alors.

Le Conseil de Castille verra par cette simple relation que, pendant qu'il délibérait, d'après ce qu'il dit lui-même dans son Manifeste, page 33, sur les moyens à prendre pour lever 500,000 hommes, et sur les autres mesures que le cas exigeait ; pendant qu'il revenait sur ses décisions, ou qu'il se bornait à en enrichir ses archives, la Junte de Gouvernement proposait

---

(*a*) Le brigadier D. Joseph Capeleti fut chargé de passer par Barcelonne, sous prétexte de son retour en Italie, pour informer le Comte de Ezpeleta de la proposition faite par la Junte à S. M.

à S. M. celles qui convenaient à l'importance des affaires, et avec le mystère que les circonstances exigeaient si impérieusement. Si les troubles du 2 mai et la renonciation du Roi Ferdinand VII, dont nous allons bientôt nous occuper, eussent tardé de quelques jours, elle eût fait connaître au Conseil et à toute la nation combien elle s'était rendue digne de la confiance de S. M.

Si la Junte de Gouvernement avait eu en temps opportun des ordres ou des pouvoirs suffisans pour dévier de la marche qu'on lui avait tracée, l'Infant D. Antonio, son président, n'eût-il pas été le premier à les connaître, et n'avait-il pas le plus grand intérêt à ce qu'on en fît usage ? Cette réflexion suffirait à elle seule pour justifier la Junte de tout reproche, et nous sommons respectueusement S. A. R. de déclarer si jusqu'au dernier moment de sa présidence, et en prenant congé de la Junte, il lui laissa d'autre règle de conduite que celle qu'elle avait suivie jusqu'alors. L'occasion était propice, et nul inconvénient ne s'opposait à ce qu'il lui ordonnât de se transférer aussitôt après son départ sur tout autre point, de convoquer les Cortès, ou de préparer l'exécution des plans de défense. Ce seul fait prouve jusqu'à l'évidence que S. A. savait que ces dispositions s'écartaient

jusqu'alors

jusqu'alors de la volonté du Roi, que dans les lettres ou offices que la Junte, ou S. A., avait reçus de S. M., on ne trouvait rien qui se prêtât à une pareille interprétation, et que S. A. elle-même ne les expliquait pas ainsi.

MM. les Prince de Castelfranco et Comte de Montarco, qui connurent les premiers embarras de la Junte, et assistèrent à quelques-unes de ses délibérations, furent tellement persuadés qu'on devait attendre des ordres positifs de S. M., qu'ils ne proposèrent jamais d'adopter des mesures hostiles, sans au préalable avoir obtenu l'agrément du Roi. Aucun des généraux des provinces ni des gouverneurs de places fortes n'osa prendre l'initiative pour des actes de cette nature, sans doute parce qu'ils en prévoyaient les conséquences; et si on admet de leur part, comme suffisante et fondée, la réponse qu'ils opposent en disant qu'ils n'avaient point d'ordres positifs, ou qu'ils n'en avaient pas d'autre que celui de ne pas provoquer une rupture de la part des Français, on comprendra difficilement que ces mêmes raisons ne puissent s'appliquer à la conduite de la Junte dans le même cas. En dernier résultat, on ne doit pas oublier que dans une assemblée aussi nombreuse que l'était la Junte depuis la fin d'avril, où toutes les déterminations étaient prises à la pluralité des voix, Azanza et O-Farrill, en qualité de ministres, devaient agir conformément à ses décisions, et non d'après leur opinion particulière.

TROISIÈME ÉPOQUE.

Depuis le départ de l'Infant D. Antonio jusques à l'arrivée à Madrid des renonciations qui changèrent la dynastie.

Cette époque présente, dans l'espace de quelques jours, des événemens de la plus grande importance. Le départ de l'Infant D. Antonio enlevait à la Junte la seule personne dont le caractère pût imposer au Grand Duc de Berg. Dès ce jour elle se vit traiter, non plus comme une Junte suprême chargée représenter u monarque indépendant, ma comme l'exécutrice passive de tous les décrets que l'Empereur arrachait à ses Souverains réunis à Bayonne.

Dans la matinée même du jour où S. A. quitta Madrid, le Grand Duc appela auprès de lui les ministres, pour leur déclarer qu'il croyait nécessaire au maintien de l'ordre et de la tranquillité publique de s'associer aux délibérations de la Junte de Gouvernement ; ils lui objectèrent aussitôt que cette mesure n'était compatible ni avec les pouvoirs de la Junte, ni avec le caractère de l'autorité qu'elle représentait. Le Grand Duc parut se rendre à leurs raisons ; et cependant le soir même, sans autre avis, il vint se présenter à la séance de la Junte, où se trouvaient aussi MM. les gouverneurs et doyens des Conseils, et renouvela sa demande. Les ministres Gil, Azanza et O-Farrill, ainsi que d'autres, s'opposèrent hautement à cette prétention; mais la pluralité crut voir plus de danger à s'y refuser, d'après les données qu'ils avaient sur ce qui se passait à Bayonne, et craignirent d'exciter de nouveaux troubles en rompant avec le Grand Duc. Azanza et O-Farrill protestèrent contre cette résolution, qui fut rédigée le lendemain. O-Farrill, dans le moment même, demanda au secrétaire de la Junte, le Comte de Casa Valencia, qu'il lui donnât acte de son opinion et de sa protestation; il cessa de paraître aux séances suivantes, et sollicita d'être déchargé de son ministère. Azanza écrivit au même secrétaire la lettre dont la teneur suit:

« La Junte de Gouvernement s'étant consti-
» tuée d'après un système contraire aux prin-
» cipes que j'ai manifestés dans la séance à la-
» quelle S. A. I. et R. le Grand Duc de Berg
» a été admis pour président, ainsi que dans
» d'autres occasions, je me vois obligé à m'en
» retirer, et je prie Votre Seigneurie d'en
» donner avis à la Junte, pour qu'elle veuille
» bien nommer, sans retard, une personne

» qui soit chargée du ministère des finances
» qui m'a été confié. Dieu conserve Votre
» Seigneurie, etc. etc. Madrid, 6 mai 1808.
» = Azanza. = A M. le Comte de Casa
» Valencia.

Quoique les démissions d'Azanza et d'O-Farrill n'eussent pas été admises, leur répugnance à exercer plus long-temps leurs emplois ne put être méconnue. Mais la crainte d'être taxés d'égoïsme et de voir, si leur exemple était suivi par d'autres, la capitale et le royaume dénués d'autorités protectrices et en butte aux caprices d'un pouvoir ennemi, les força à surmonter leur dégoût. Ils envisagèrent sur-tout qu'on pouvait leur opposer l'ordre de l'Infant D. Antonio, qui portait *que la Junte continuerait comme si S. A. était toujours au milieu d'elle.* Ces considérations les obligèrent à prendre une détermination qui fut commune à tous les ministres, et à rester à leur place. S'ils ont erré en prenant ce parti, ils protestent à la face de l'univers qu'ils crurent se conformer ainsi aux intentions manifestées par l'Infant D. Antonio, et devoir céder au cri général qui les suppliait de ne pas completter par leur retraite l'abandon où se trouvait la nation. Guidés par les mêmes principes d'utilité générale, les autorités suprêmes, le Conseil Royal et les autres tribunaux supérieurs, ne balancèrent pas à demeurer à leur poste, en restant à Madrid et en conservant leurs emplois.

L'incertitude où se trouvait la Junte de Gouvernement ne dura que trois jours. Le 7 mai, le Grand Duc de Berg reçut le décret du Roi Charles, daté de Bayonne du 4, par lequel il déclarait reprendre les rênes du Gouvernement, en vertu de la protestation qu'il avait faite et annoncée contre son abdication. Il nommait en conséquence le Grand Duc de Berg son lieutenant général du royaume (*a*), et ordonnait à la Junte, au Conseil Royal, aux capitaines généraux et gouverneurs des provinces de lui obéir. Il y joignait une proclamation adressée à toute la nation pour l'exhorter à rester calme et à éviter les dissensions et les divisions intestines, et terminait par ces mots. « Espagnols, croyez à mon expé-
» rience, et obéissez à l'autorité que je tiens
» de Dieu et de mes pères ; imitez mon exem-
» ple, et soyez certains que dans la situation
» où vous vous trouvez, il n'y a ni prospérité
» ni salut pour vous, sinon dans l'amitié du
» grand Empereur notre allié. »

(*a*) Voyez note 15.

D'une part le décret sus-mentionné donnait au Grand Duc la présidence de la Junte de Gouvernement, et de l'autre on voulait concentrer en lui l'autorité suprême, pour que tout tendît à un même but. Mais comme le Roi Ferdinand n'avait pas jusques-là révoqué les pouvoirs qu'il avait confiés à la Junte, il manquait encore son assentiment pour qu'on pût donner à cette disposition une publicité telle, qu'elle fixât l'opinion nationale sur la personne en qui elle devait reconnaître la souveraineté. Cette juste considération fut cause que, quoique la Junte remît immédiatement ces pièces au Conseil de Castille, celui-ci ne crut pas prudent de les publier le 8, et se borna à les enregistrer. Pourtant le lendemain et les jours suivans le Grand Duc reçut les félicitations des Conseils suprêmes, de toutes les autorités et corporations de la capitale, du nonce de sa Sainteté, et de tout le corps diplomatique.

Un jour s'était à peine écoulé depuis la réception du décret et de la proclamation du Roi Charles, lorsqu'arrivèrent les derniers actes de Bayonne, c'est-à-dire, celui du 6 mai, par lequel le Roi Ferdinand restituait *purement* et *simplement* la couronne à son auguste père, et sous la même date, un décret dont la teneur suit, adressé à la Junte et à son président l'Infant D. Antonio, que l'on supposait être encore à Madrid.

» Aujourd'hui j'ai remis à mon bien-aimé
» père une lettre conçue en ces termes :

« Mon vénérable père et Seigneur, pour
» donner à V. M. une preuve de mon amour,
» de mon obéissance et de ma soumission, et
» pour céder aux désirs qu'elle m'a fait con-
» naître plusieurs fois, je renonce à ma cou-
» ronne en faveur de V. M., désirant qu'elle
» la conserve pendant de longues années.

« Je recommande à V. M. les personnes qui
» m'ont servi depuis le 19 mars. Je me con-
» fie dans les assurances qu'elle m'a données
» à cet égard. Je demande à Dieu qu'il accorde
» à V. M. des jours longs et heureux.

» Fait à Bayonne, le 6 mai 1808. Je me mets
» aux pieds de V. M. Le plus humble de ses
» fils = Ferdinand. »

» En vertu de la renonciation que je fais à
» mon bien-aimé père, je retire les pouvoirs
» que j'avais accordés, avant mon départ de
» Madrid, à la Junte de Gouvernement, pour
» l'expédition des affaires importantes et ur-
» gentes qui se présenteraient pendant mon ab-
» sence. La Junte suivra les ordres et comman-

» demens de mon très-aimé père et Souverain,
» et les fera exécuter dans les royaumes.
» Je dois, en finissant, témoigner à toute
» la nation en général, et en particulier aux
» membres de la Junte et aux autorités consti-
» tuées, ma reconnaissance pour leurs services.
» Je leur recommande de se réunir d'efforts
» et de cœur au Roi Charles et à l'Empereur
» Napoléon, dont la puissance et l'amitié peu-
» vent plus que toute autre chose garantir les
» premiers biens des Espagnes, leur indépen-
» dance et l'intégrité du territoire. Je vous re-
» commande encore de ne pas donner dans les
» pièges de nos éternels ennemis ; de vivre
» unis entre vous et avec vos alliés ; d'épar-
» gner le sang, et d'éviter les malheurs qui
» seraient le résultat des circonstances actuel-
» les, si on se laissait aller à l'esprit de ver-
» tige et de désunion. La Junte tiendra cet
» ordre entendu, en assurera l'exécution et le
» fera savoir à qui il appartiendra. — *Signé*
» FERDINAND. — Bayonne, 6 mai 1808.

L'arrivée de ces documens ne permettait pas
d'en différer la publication, pour que la nation
eût à reconnaître le Roi Charles IV comme
Souverain. Les ayant passés le 10 au Conseil,
celui-ci arrêta immédiatement qu'ils seraient

mis à exécution ; qu'il serait procédé à la publication, retardée depuis deux jours, de ceux reçus précédemment, et qu'on expédierait à cet effet les circulaires des 8 et 10 mai.

La lecture seule de ces pièces fait connaître dans quelle position se trouvait alors le Roi Ferdinand, et la nécessité qu'il éprouvait d'embrasser le seul parti qui pût le dégager des embarras où il se voyait dans ce moment. S. M. s'était refusée pendant plusieurs jours à l'échange de sa couronne contre celle d'Étrurie, et sa fermeté ne se démentit pas, tant qu'elle put opposer les armes de la justice et de la raison aux piéges de la politique ; mais lors qu'elle vit son auguste père enveloppé dans les mêmes rêts, et le sceptre prêt à échapper de ses propres mains, par la destruction et la perte du titre qui l'y avait placé, elle céda à l'orage, et pour en diminuer les ravages, elle préféra rendre la couronne au Roi Charles, se contentant de régner à la mort de son auguste père.

On doit rapporter à la période de trois jours dont on a parlé plus haut, la clôture de la Junte de Gouvernement, ou, ce qui revient au même, l'expiration de l'autorité représentative dont elle était revêtue. Ferdinand VII ayant révoqué ses pouvoirs, et Charles IV conféré les siens au Grand Duc de Berg comme son lieutenant-général, les individus qui composaient celle qui continua à porter ce nom, mais qui n'eut plus qu'une voix consultative, ne conservèrent d'autre caractère que celui de ministres du nouveau chef du gouvernement, dont le nom fut placé en tête des arrêtés et des ordres qui furent expédiés depuis.

Le moment approchait où nous devions apprendre qu'une étonnante transaction politique allait renverser la dynastie de nos Souverains, et qu'une vaste monarchie, occupant en Europe un des premiers rangs, dont le trône avait été sans interruption possédé et transmis par droit d'hérédité depuis le siècle de D. Pélage, était cédée par ses légitimes possesseurs à un potentat étranger qui, de simple particulier, était parvenu, en peu d'années, à se fonder l'Empire le plus puissant que l'Europe eût vu s'élever depuis la chute de l'Empire romain. Ce fut le 5 mai que Charles IV signa ce fameux traité qui remplira les pages les plus remarquables de notre histoire (*a*). Sans avoir à alléguer des causes générales ni des motifs particuliers qui le forçassent à se dépouiller lui et sa famille d'un si riche héritage, Charles IV base uniquement cette cession sur la nécessité *de mettre un*

(*a*) Voyez note 16.

terme à l'anarchie qui désolait l'Espagne, de l'arracher à la fureur des partis, et d'embrasser le seul moyen d'y rétablir l'ordre dans l'état de choses où elle était parvenue (a). L'Espagne n'avait pas besoin qu'une puissance étrangère vînt lui dicter les réformes dont elle sentait la nécessité; les moyens de les exécuter lui étaient connus; il fallait pour cela qu'elle conservât ses Rois, et qu'ils ne lui eussent pas légué par leur abdication la guerre civile, l'anarchie et les dissentions qu'on prétendait vouloir éviter.

Puisque Charles IV était si décidé à se démettre de la royauté en faveur de l'Empereur, faut-il s'étonner que son héritier présomptif se soumît à cette disposition, et cédant à la nécessité, se résignât à un malheur déjà consommé par la faiblesse de son auguste père? C'est ainsi que Ferdinand VII, redevenu Prince des Asturies par la restitution de sa couronne, renonça à ses droits au trône d'Espagne et des Indes, par un traité à part signé le 10 mai, adhérant à la cession faite par son père à l'Empereur des Français (b). Deux jours après, les Infans D. Carlos et D. Antonio donnèrent aussi leur adhésion, et conjointement à eux S. M. adressa

---

(a) Voyez note 17.
(b) Voyez note 18.

de Bordeaux, le 12 mai, une proclamation à la nation espagnole, résumant plusieurs considérations pour lui faire connaître qu'il lui était utile et nécessaire d'unir ses intérêts à ceux de la France, et que puisqu'on lui conservait sa religion, son indépendance, l'intégrité de ses possessions et les autres avantages convenus avec l'Empereur, *on assurait pour long-temps et d'une manière incontestable la puissance de la nation espagnole.... En conséquence, ils déliaient les Espagnols de leurs obligations à leur égard, et les exhortaient à n'avoir en vue que les intérêts communs de la patrie en se tenant paisibles.... devant croire qu'ils donneront en cela à leur Prince et aux Infans le plus grand témoignage de leur loyauté.* Cette proclamation, dont la majeure partie n'était pas nécessaire pour donner plus de poids au traité de renonciation, fut regardée comme une nouvelle preuve qui ne permettait plus de douter que, quoique S. M. n'eût cédé ses droits que pour obéir à la force, ou à l'empire des circonstances, elle ne voulait pas que la nation entraînée par l'espoir éloigné de lui rendre ses Etats, s'engageât dans une lutte qui pouvait détruire sa puissance et compromettre son indépendance. En effet, la proclamation était conçue en des termes non équivoques, et ses expressions étaient celles que la bonne foi et la sincérité peuvent employer pour inspirer la persuasion (*a*). Les cabinets de l'Europe recueillirent ces documens, et n'y prétendirent rien opposer ; voilà pourquoi aucune puissance continentale ne se présenta alors pour défendre la cause personnelle de nos Souverains.

Lorsque le Grand Duc de Berg donna connaissance de ces pièces à la Junte et au Conseil, par l'entremise de D. Sébastien Piñuela, secrétaire de grace et justice, on doit croire que les premières réflexions s'appliquèrent à la valeur légale de ces renonciations. Il est inutile de s'étendre sur les difficultés que fit naître d'abord une considération aussi simple, ni sur ce que divers individus de la Junte, avant le renvoi au Conseil, avaient proposé au Grand Duc de Berg et au Comte Laforest, pour ménager à la nation assemblée en Cortès le libre usage de ses droits (*b*). Propositions inutiles, parce que la force dédaigne les formes légales, et n'y a recours que quand elle est certaine de n'y point rencontrer d'obstacles. De son côté, le Conseil, dans les séances auxquelles assistèrent plusieurs membres de la Junte, se refusa, autant qu'il

---

(*a*) Voyez note 19.
(*b*) Voyez note 20.

était en lui, à l'exécution des clauses de ces divers traités; mais les voyant accompagnés d'ordres précis tracés par leurs légitimes Souverains, et connaissant que ni lui ni la Junte n'étaient compétens pour prononcer sur cette question, ce tribunal suprême conclut en déclarant que, puisqu'il était par son institution chargé de l'exécution des lois existantes, il ne pouvait se dispenser de protester sécrètement que celle de ces traités devait s'entendre, *sauf les droits de S. M. Charles IV, de son fils et autres successeurs* (a). Le Grand Duc de Berg consentit sans difficulté à ce que, sous cette réserve, le Conseil donnât son *exequatur* au traité, le fît publier et circuler, et cela se fit ainsi.

Depuis trois ou quatre jours le Grand Duc de Berg gouvernait au nom de Charles IV, et la Junte déplorait la perte de ses légitimes et bien-aimés Souverains, lorsqu'on vit arriver un piéton qui dit être venu de Guadalaxara, et remit à Azanza une dépêche contenant deux décrets de S. M. Ferdinand VII, expédiés d'après les propositions de la Junte qui, comme il est dit plus haut, furent communiqués à S. M. par D. Evaristo Perez de Castro, le 4 mai. Ils étaient

---

(*a*) Voyez note 21.

de la main même de S. M. et datés du 5. Peut-être qu'alors elle n'avait pas connaissance des décrets et ordres expédiés la veille par son père et elle ignorait assurément qu'on eût obligé l'Infant D. Antonio à sortir de Madrid. L'un de ces deux décrets était adressé à la Junte, et l'autorisait à se transférer elle-même, ou en substituant ses pouvoirs à une ou plusieurs personnes, dans tel lieu qu'elle jugerait convenable, et à exercer en son nom et à sa place la souveraineté ; lui enjoignant de commencer les hostilités au moment même où elle apprendrait que S. M. était conduite dans l'intérieur de la France, ce que l'on n'obtiendrait d'elle que par violence ; et de s'opposer dans ce cas par tous les moyens que l'on jugerait convenables à l'entrée de nouvelles troupes françaises sur le territoire de la péninsule. Le second, adressé au Conseil Royal, et à défaut de lui à quelque chancellerie que ce fût, portait l'ordre de convoquer les Cortès dans l'endroit qui paraîtrait le plus propre à leur prompte réunion, pour qu'ils eussent à s'occuper uniquement et sans délai de rassembler les forces et les subsides nécessaires pour la défense du royaume, se déclarant au reste en permanence pour pourvoir à tout ce qui se présenterait.

Après avoir fait partir ces dépêches par une voie

voie détournée sans doute, si l'on en juge par le retard qu'elles éprouvèrent, mais qui est encore aujourd'hui ignorée d'Azanza et d'O-Farrill, S. M. le Roi Ferdinand se vit appeler le soir même au Palais où était logé le Roi son père, et eut à supporter les reproches amers basés sur la journée du 2 mai, et les menaces qui l'obligèrent à donner son abdication absolue, comme on l'a déjà dit. On ne s'étonnera pas que la lettre apportée par le messager à pied, et qui contenait les décrets du 5 relatifs à la convocation des Cortès et à l'ouverture des hostilités, n'arrivât que trois ou quatre jours après le décret du 6 qui annonçait la renonciation au trône, et la révocation des pouvoirs de la Junte, si l'on se rappelle que les courriers français faisaient alors le service de Bayonne à Madrid en toute diligence, et que le besoin d'assurer la remise des ordres du Roi obligea à les envoyer par des chemins écartés. L'arrivée de l'exprès de Guadalaxara semblerait indiquer que, pour venir à Madrid, cette dépêche avait fait le tour par l'Aragon.

Immédiatement après sa réception, Azanza convoqua les autres ministres pour leur donner connaissance des décrets du Roi, et délibérer avec eux sur le parti qu'il fallait prendre. Tous opinèrent sans balancer que leur exécution était devenue impossible, attendu la notification faite à Madrid du décret du 6 qui annonçait à la nation la restitution de la couronne par le Roi Ferdinand à son père, et la révocation des pouvoirs de la Junte. Déjà elle n'existait plus ; comment donc eût-elle pu élever la voix pour promulguer des dispositions contraires ? A quel titre eût-elle commandé l'obéissance aux autorités supérieures de la capitale et des provinces ? Son exemple, aussi dangereux qu'illégal, n'eût été suivi ni appuyé par personne ; loin de là, le gouvernement nouveau, déjà installé et en exercice, l'eût déclarée rebelle et traitée comme telle ; et si la Junte réunie était réduite au silence, les ministres qui, séparément, n'avaient qu'une représentation bien plus notoirement nulle, pouvaient encore moins adopter un semblable parti. Leurs efforts imprudens, paralysés dès les premiers pas, auraient exposé S. M. le Roi Ferdinand et les Infans, que l'Empereur avait en son pouvoir, aux plus fâcheux résultats. Deux jours plus tard l'arrivée à Madrid de D. Evaristo Perez de Castro prouva aux ministres qu'ils avaient agi avec prudence, lorsque ce dernier fit part à Azanza et à O-Farrill des vives inquiétudes qu'éprouvaient les personnes qui accompagnaient S. M., dans le doute où elles étaient si la Junte de Madrid tâcherait ou non de mettre ces ordres à exécution, et dans la crainte que l'Empereur ne parvînt à en avoir connaissance. Ce motif seul engagea les ministres à cacher ces dépêches dans la couverture d'un livre, et ce ne fut qu'après la nouvelle du départ de S. M. pour Valençay, qu'ils se résolurent à les brûler, pour qu'un hasard funeste ne vînt pas augmenter les peines de S. M. dans la position délicate où elle se trouvait en France.

Dès-lors, il ne restait plus aux ministres aucun moyen de retarder ni d'empêcher l'exécution des décrets qui changèrent la dynastie, et soit effet de l'abattement général des esprits à la vue d'un événement aussi imprévu, ou de la conviction intime de l'impossibilité d'empêcher que l'Empereur ne vînt à bout de ses desseins avec les forces qu'il avait en Espagne, ou enfin de la déférence aux conseils que donnaient à la nation ses légitimes Souverains, il est de fait que, dans ces premiers momens, il n'y eut aucune corporation, aucune autorité qui se refusât ouvertement à admettre le nouvel ordre de choses. Les plus opposans se bornèrent à quelques protestations ou réticences qui prouvaient le mécontentement général à la vue de ces changemens, et laissaient une porte ouverte à l'espérance, et une chance pour les futurs contingens, mais qui ne présentaient pour l'instant ni un obstacle ni une résistance formelle.

C'est ainsi que se terminèrent les fonctions de la Junte de Gouvernement. Azanza et O-Farrill s'enorgueillissent d'en avoir été membres, parce qu'ils sont convaincus que, jusqu'au moment où elle cessa de représenter le Roi Ferdinand, elle prouva sans relâche sa fidélité à S. M., et son zèle à soutenir les droits de la couronne. Jamais elle ne fut autorisée à les défendre par la voie des armes ; au contraire, ses instructions et ses ordres s'y sont toujours opposés. Que prétend-on donc qu'elle dût faire et qu'elle ne fit pas ? Dira-t-on que, voyant son Souverain dans les chaînes, elle devait de son propre mouvement courir aux armes ? Mais a-t-on bien pesé les difficultés, bien examiné les dangers d'une détermination pareille qui exposait la nation à tout perdre, avant même d'avoir réuni les moyens de combattre avec avantage? Pour dissiper tous les doutes, il suffira de réfléchir sur la situation de nos forces, et sur les ressources que nous avions à cette époque pour entrer en campagne.

L'Espagne avait alors cent mille hommes sous les armes, au dedans et au dehors de la péninsule, en comprenant dans ce nombre les régimens de milices provinciales. Cette masse de forces était disséminée et répartie comme suit : 15,000 servaient en Danemarck en qualité d'auxiliaires de la France ; 35,000 se trouvaient en Portugal ou sur sa frontière, et de ce nombre, 20,000 étaient sous les ordres du général français Junot; 15,000 garnissaient les places de l'Afrique, les îles Baléares et les Canaries ; 10,000 formaient le camp de Saint-Roch; 10,000 étaient en Galice, et les 15,000 restans défendaient les côtes jusqu'en Catalogne, et faisaient le service des places fortes de l'intérieur.

La guerre avec l'Angleterre ne permettant pas de dégarnir entièrement la ligne de St.-Roch, les places de l'Afrique, les îles, ni nos arsenaux maritimes, si l'on retranche du total des forces les déductions accoutumées, on ne risque rien d'assurer qu'un mois n'aurait pas suffi pour rassembler 20,000 hommes sur un point quelconque de la péninsule. Ajoutons à cela que les Français avaient déjà en leur pouvoir les places frontières, les principales fabriques d'armes et de munitions, plusieurs magasins à poudre, et même le dépôt d'artillerie de Ségovie qui était cerné par leurs troupes.

Quelle confiance pouvait inspirer la réunion tardive de ces 20,000 hommes, pour les opposer aux forces que les Français avaient en Espagne?

Sans compter les garnisons des places de Catalogne, il était entré par Irun, depuis octobre 1807 jusqu'en janvier 1808, environ 82,000 hommes, en sorte que, sans interrrompre leur communication avec la France, il leur était facile d'attaquer avec 40,000 hommes quelque corps d'armée qu'on eût essayé de leur opposer.

Qui osera donc soutenir que la Junte pouvait prendre sur elle d'affaiblir les garnisons de nos îles, de laisser sans défense nos ports, et de courir les risques de voir dans l'intervalle les Anglais s'emparer d'un de ces points, et se refuser ensuite à les rendre si les négociations de Bayonne se fussent terminées pacifiquement ? De quelle responsabilité n'auraient pas alors été chargés les ministres? Et n'eût-elle pas été la même, si, après la malheureuse issue de ces négociations, et lorsque ces places auraient été livrées aux Anglais, la nation eût refusé d'affronter les dangers d'une guerre, ou bien eût cédé après les premiers efforts, en laissant les Anglais, maîtres de ces nouvelles barrières, dominer sur notre péninsule, et ajouter cet affront à celui de Gibraltar. C'est à la multitude qu'il appartient de dédaigner ces considérations et de ne pas s'embarrasser des résultats, lorsqu'elle s'abandonne aux excès d'un mouvement populaire, parce qu'elle a pour principe qu'elle est au dessus des lois, et que personne n'a le pouvoir de contrôler ses actions ; mais pour les hommes publics, les agens d'un gouvernement, les hommes élevés à des emplois dont l'exercice est sujet à une responsabilité dont ils ne peuvent se décharger, n'est-il donc pas d'autres règles de conduite, et sur-tout lorsqu'ils sont d'accord avec le public à ne reconnaître en eux-mêmes que des pouvoirs douteux ?

Et qu'on ne dise pas que la monarchie était dans le même état, lorsque la Junte écrivit à S. M. pour la consulter sur un changement dans le plan suivi jusqu'alors, sur sa translation à un lieu où elle pût librement délibérer, sur la formation d'une régence et la convocation des Cortès ; ce plan adopté en temps opportun faisait disparaître tous les inconvéniens que nous venons de retracer. Une résolution formelle du Souverain changeait entièrement la situation de la Junte ; elle eût alors pris l'attitude indépendante où elle ne pouvait se placer de son autorité privée. Plus de doutes ; le but qu'il fallait atteindre au prix de tous les sacrifices était fixé ; point de renonciations nulles ou valides qui fissent hésiter la nation ; point de divergence d'opinions ; point de conflict d'autorité ; la Junte ou la régence eût été respectée unanimement et obéie comme le Roi même, sans crainte que chaque province élevât des prétentions à la souveraineté; alors le Roi eût répondu seul des résultats, et alors sur-tout on n'aurait pas eu à redouter le plus grand de tous les maux, l'anarchie.

Nous croyons avoir démontré jusqu'à l'évidence, que la Junte en corps ne put ni ne dut agir autrement qu'elle ne fit en se conformant aux ordres qui lui furent donnés, et sans dépasser ses facultés bornées. Elle donna une bien forte preuve de la disposition où elle était de faire tout ce que S. M. lui ordonnerait, puisqu'elle parvint en envoyant D. Evaristo Perez de Castro, à soumettre au Roi, dès le 4 mai, les mesures qu'elle croyait devoir bientôt adopter. Doit-on lui faire un crime d'avoir reçu la réponse de S. M. après sa dissolution, et conséquemment trop tard pour qu'elle pût avoir son effet ?

Si en suivant les événemens qui signalent l'époque que nous venons de parcourir on ne peut méconnaître les sentimens de fidélité à son Roi dont la Junte était animée, on trouve aussi dans notre conduite particulière des témoignages honorables de notre loyauté. D'abord nous fîmes hautement connaître que nos actions n'avaient pas pour principe la moindre inclination, ou attachement au gouvernement français, puisque nous donnâmes notre démission au moment même où le chef des troupes impériales s'empara de la présidence de la Junte; nous ne manquâmes jamais de nous opposer à tout ce qui pouvait blesser les droits de S. M. La justice nous fait un devoir de déclarer que nos collègues, D. Francisco Gil et D. Sebastien Piñuela, n'ont pas montré moins de constance. Ni l'éloignement du Roi, ni l'abattement dans lequel nous savions qu'il était à Bayonne pendant les négociations, ne purent refroidir notre juste désir de répondre à la confiance qu'il avait déposée dans la Junte en général, et dans chacun de nous en particulier; et jusqu'au moment où il se priva lui-même de ses droits, et nous enleva l'autorité et le crédit nécessaires pour les lui reconquérir, nous les défendîmes, lui absent, avec autant d'opiniâtreté que lorsqu'à Madrid nous travaillions en sa présence.

QUATRIÈME ÉPOQUE.

Depuis le changement de dynastie jusqu'à l'évacuation de Madrid par les troupes françaises à la suite de l'affaire de Baylen, et leur retraite sur l'Ebre en juillet 1808.

Avant même que les renonciations de Bayonne fussent publiées à Madrid, on commençait à s'apercevoir que sur différens points le peuple menaçait de se soulever ; dès-lors on prévit l'anarchie affreuse dont le royaume était menacé, et ce fut un nouveau motif pour tous les gens sensés de se réunir à un gouvernement assez fort pour assujettir la populace, et l'empêcher de troubler la tranquillité, en l'obligeant à la subordination. Mais n'anticipons pas sur les événemens, et reprenons la suite de ceux qui se passèrent à Madrid.

Personne ne croira que l'Empereur fût en suspens sur le choix de celui de ses frères qui devait régner en Espagne, ni que ce fût sérieusement son intention d'en soumettre l'élection à la Junte de Gouvernement, au Conseil et même à la ville de Madrid. Assuré de sa nouvelle acquisition, il voulut conserver à la nation une ombre de liberté qui ne pouvait nuire à ses desseins. En conséquence, le Grand Duc fit prévenir le Conseil que, tous les droits à la couronne d'Espagne ayant été cédés à l'Empereur des Français, et devant passer à un de ses frères, S. M. désirait que le Conseil fît connaître quel était celui à qui il donnait la préférence; *bien entendu que le Conseil, par cette désignation, ne serait pas censé approuver ou désapprouver les précédens traités, et sans préjudice des droits du Roi Charles IV, de son fils et autres successeurs, conformément aux lois fondamentales du royaume.* Tel était l'ordre du Grand Duc dont le sieur Piñuela donna communication au Conseil le 13 mai, et il prouve le peu de cas qu'il faisait de ces protestations, puisque lui-même allait au devant d'elles, convaincu qu'elles n'influent aucunement sur l'effet des traités qui, en tous temps et en tout lieu, ont reçu de la force des armes leur sanction définitive. Ainsi donc le Conseil, dans le même jour, prit une résolution qu'il adressa au Grand Duc, et par laquelle il déclarait que, réitérant ses protestations, *il lui paraissait convenable qu'en exécution de ce qui avait été ordonné par l'Empereur, le choix tombât sur son frère aîné le Roi de Naples* (a). Le même jour la Junte de Gouver-

---

(a) Manifeste du Conseil, page 61.

nement remit au Grand Duc la lettre qu'il lui avait été enjoint d'écrire sur le même sujet à l'Empereur, signée par les quatre ministres, le doyen du Conseil de Castille, et les présidens et gouverneurs des autres Conseils. La municipalité de Madrid en fit autant deux jours après.

Le Grand Duc témoigna au Conseil, et par écrit, qu'il était satisfait de cette démarche, et cependant il exigea de nouvelles démonstrations. L'ordre fut donné en son nom à la Junte de proposer au Conseil d'envoyer une députation à l'Empereur, pour lui présenter une adresse confirmative des sentimens qu'il avait manifestés dans la rédaction de son avis. Le Conseil ne crut pas devoir s'y refuser, et nomma pour porter son adresse à Bayonne, deux de ses membres, D. Joseph Colon et D. Manuel de Lardizabal.

Quelque grandes que fussent les craintes que l'on avait éprouvées que les négociations de Bayonne n'eussent pas un heureux résultat, jamais on n'avait pu penser qu'elles se termineraient d'une manière aussi inopinée ; et on s'apercevait à chaque nouvelle démarche que la nation et son gouvernement n'étaient pas préparés à un changement de système si important et si prompt. Nos Souverains en déclarant, de tant de façons et d'une manière si précise, que leur volonté était que nous nous soumissions au nouvel ordre de choses, avaient placé la Junte dans un état habituel de dépendance auquel nous ne nous résignions qu'avec peine, parce que celui qui exerçait en qualité de lieutenant les pouvoirs suprêmes, dictait ses ordres au Gouvernement national avec d'autant plus de hauteur qu'il le voyait sans appui, et incapable de légitimer sa résistance par des ordres de son Souverain. Les ministres secrétaires d'État qui composaient la Junte, ne pouvaient opposer à tout ce que le nouveau Gouvernement exigeait d'elle qu'une autorité passive, et le Conseil Royal, comme les autres corps administratifs, se trouvait dans le même cas.

Peu de temps après le départ de nos Souverains pour l'intérieur de la France, un ordre de l'Empereur, communiqué par le Grand Duc de Berg, obligea Azanza à partir de Madrid le 23 mai pour se rendre à Bayonne, et l'informer de l'état des finances de l'Espagne. A cet effet, Azanza emmena avec lui le trésorier général D. Vicente Alcala Galiano, le conseiller des finances D. Antonio Ranz Romanillos, le chef de division D. Christobal de Gongora, D. Juan Orovio, membre de la Cour du commerce et des monnaies, et D. Ramon Bango, employé à la caisse de consolidation. Ils rédigèrent en chemin un Mémoire sur le but de leur commission, et Azanza le présenta à l'Empereur à son arrivée à Bayonne, le 28 mai. Trois jours après avoir terminé cette affaire, Azanza demanda qu'il lui fût permis de retourner à son poste, et l'Empereur lui ordonna de rester à Bayonne pour présider la Junte des notables espagnols qu'il avait convoquée par son décret impérial du 25 mai, et qui devait faire l'ouverture de ses séances le 15 juin.

Bayonne réunissait alors des personnages marquans dans l'ordre ecclésiastique, des Grands d'Espagne, des nobles, des magistrats et des individus des autres classes de l'Etat, les uns envoyés par leurs provinces, villes ou corporation respectives, et les autres nommés par le Grand Duc de Berg. Tous n'étaient pas arrivés, la plupart s'étaient déjà mis en route; mais soit que le temps manquât à quelques-uns ou qu'ils rencontrassent des obstacles sur leur chemin, ou qu'ils répugnassent à se présenter, il est de fait qu'il y en eût plusieurs qu'on ne vit pas à Bayonne. Le Roi de Naples devait arriver le 7 juin, et en conséquence l'Empereur, par un décret de la veille, le proclama Roi d'Espagne et des Indes(a).

(a) Voyez là note 22.

Plus le sort de la monarchie paraissait irrévocable, et plus aussi la douleur d'avoir perdu leurs légitimes Souverains s'alliait dans le cœur des députés espagnols au désir de sauver l'indépendance nationale, et de s'épargner les horreurs d'une guerre, en admettant sans délai un gouvernement pacifique ; et tous caressaient intérieurement cette consolante espérance.

Avant que la Junte fût installée, l'Empereur jugea à propos de prendre les devans, et ordonna aux députés qui déjà étaient à Bayonne d'exhorter les habitans de Saragosse à se soumettre au nouveau Roi (a). Une proclamation fut rédigée à cet effet, et signée par tous les membres présens ; après quoi M. le Prince de Castelfranco, capitaine général ; le conseiller de Castille D. Ignacio Martinez de Villela ; et l'alcalde *de casa y corte*, D. Luis Marcelino Pereyra, furent chargés de se rendre à Sara-

---

(a) Comme le présent Mémoire se rapporte à une époque antérieure à aujourd'hui, nous donnons historiquement à Joseph Napoléon le titre de Roi, que presque tous les Etats de l'Europe ont reconnu en lui et lui ont adressé sur les trônes de Naples et d'Espagne, et que lui donnèrent encore les Souverains alliés dans le traité de Paris du 11 avril 1814, traité qui lui conféra celui de Prince.

gosse, non seulement pour y donner connaissance de la proclamation, mais encore pour amener les habitans par la persuasion à reconnaître la nécessité et les avantages de l'admission de la nouvelle dynastie. Cette commission n'eut aucun effet, parce que les députés ne purent pénétrer jusqu'à Saragosse ; et que, sans pouvoir obtenir d'être entendus par ses habitans, ils furent obligés de revenir à Bayonne. Dans le même temps, Azanza reçut ordre d'adresser aux provinces d'outre-mer des circulaires et des proclamations pour leur donner connaissance du changement de dynastie, et les conserver dans l'union avec la métropole.

L'Empereur exigea aussi des membres de la Junte de Bayonne, qu'ils adressassent une autre proclamation à la nation espagnole, pour l'engager à rester tranquille et paisible, et à rejeter les suggestions de ceux qui cherchaient à l'entraîner dans une guerre qui la conduirait indubitablement à sa ruine et au ravage de ses provinces. Ils obéirent, et après avoir déroulé le tableau des maux passés et des dangers qui menaçaient l'existence sociale et politique de l'Espagne, ils lui montraient un nouveau Souverain, qui seul pouvait la préserver d'une guerre extérieure, et secondé par ses sujets, placer la nation dans l'état de splendeur et de gloire qui
lui

lui appartenait. « Espagnols, leur disoient-ils,
» dignes d'un meilleur sort, évitez la terrible
» anarchie qui vous menace, réfléchissez sur
» vous, sur vos familles, sur vos enfans. Quel
» fruit espérez-vous recueillir des troubles
» fomentés par la malveillance et l'inconsé-
» quence?.... L'anarchie est le plus grand des
» fléaux que Dieu puisse envoyer aux peu-
» ples : pendant son règne, la licence effrénée
» saccage, brûle, détruit, désorganise tout : les
» gens de bien sont ordinairement ses plus
» sûres victimes...... Non, ne vous flattez pas
» d'obtenir des succès dans cette lutte ; elle est
» inégale, sinon en valeur, au moins en moyens :
» vous succomberez enfin, alors tout sera perdu.
» Il ne faut pas vous le dissimuler, le salut de
» l'Etat ne peut dépendre aujourd'hui que de
» l'ensemble et de la sincérité avec laquelle
» nous nous réunirons tous de cœur au nouveau
» Gouvernement, et nous l'aiderons à la régé-
» nération qu'il prépare pour le bonheur de
» notre patrie..... Il est certain que nous sommes
» parvenus à une situation bien malheureuse....
» que nous reste-t-il à faire ?... Nous conformer
» avec soumission, et contribuer chacun en par-
» ticulier à l'organisation d'un nouveau Gou-
» vernement sur des bases solides, et qui soient
» la sauve-garde de la liberté des droits et des

7

» propriétés de chaque individu..... Tels sont
» les sentimens qu'ont cherché à vous inspi-
» rer S. A. I. le lieutenant général du royaume,
» la Junte de Gouvernement et le Conseil de
» Castille, qui sont les premières autorités de
» la nation ; tels sont aussi ceux dont nous dési-
» rons que vous soyez bien pénétrés, afin que,
» rendus à la tranquillité et à l'ordre, vous
» attendiez tout de la main puissante et bien-
» faisante dont notre sort dépend. Fasse le ciel
» que cette sincère exhortation que nous a dic-
» tée le plus pur patriotisme, opère dans vous
» le salutaire effet de réprimer les efforts des
» séditieux qui cherchent à vous soulever, et
» que dès aujourd'hui la paix et la confiance
» règnent parmi vous. »

Si ces exhortations, qui ne purent pas pénétrer dans les provinces assez à temps pour paralyser les agitations de quelques communes,
n'eurent pas l'effet qu'on en attendait, ce ne fut
pas la faute de ceux qui les rédigèrent et les
signèrent dans la sincère et ferme persuasion
qu'ils rendaient, en le faisant, un très-grand
service à leur patrie (a). Dans cette proclamation, on ne chercha pas à étaler des sentimens
que l'on n'éprouvait pas, et l'on peut assurer,

(a) Voyez la note 23.

sur l'honneur, la délicatesse et le caractère connu de ses auteurs, que leur langage ne s'écartait en rien de leur manière de penser. Ils étaient incapables de croire que lorsqu'ils écrivaient pour plus de vingt millions d'hommes sur des affaires de si haute importance, ils pussent se permettre de falsifier l'idiome de la conviction et de la bonne foi, sans se rendre responsables de toutes les erreurs que ferait commettre l'idée de leur propre persuasion.

La Junte de Gouvernement à Madrid déférant aux conseils pacifiques de nos Souverains, et intimement persuadée que toute résistance de la part de la nation lui serait funeste et ruineuse, s'efforça d'inspirer les mêmes sentimens; les principaux chefs de l'État et les autorités supérieures ne balancèrent pas à joindre leur voix à la sienne dans la proclamation qui fut arrêtée le 3 juin, et publiée par le Conseil pour calmer dans les provinces les inquiétudes naissantes. Tous préféraient une soumission paisible à une guerre de désolation, lorsqu'ils exhortaient la nation en lui disant : « Espagnols, la
» Junte suprême de Gouvernement, composée
» en ce jour des premiers magistrats de la na-
» tion, vous adresse la parole pour dissiper les
» erreurs que la malveillance et l'ignorance
» s'efforcent d'accréditer et de propager parmi

» vous : erreurs funestes qui pourraient entraî-
» ner des malheurs incalculables, si l'autorité
» suprême ne s'empressait de les étouffer au
» moment même de leur naissance. La Junte
» se promet que ceux qui ont écouté avec res-
» pect, dans tous les temps et dans toutes les
» occasions, la voix de leurs magistrats, ne
» montreront pas moins de soumission quand
» il s'agit pour eux, ou d'assurer à jamais leur
» félicité en se réunissant aux premières auto-
» rités de l'Etat, ou de travailler eux-mêmes à
» la ruine de la patrie, en se livrant aux agita-
» tions dans lesquelles les éternels ennemis de
» la gloire et de la prospérité de la nation espa-
» gnole cherchent à la précipiter (*a*). »

Telle était l'opinion que la force des circonstances avait fait adopter à tous les hommes publics à Bayonne et à Madrid. Elle fut encore plus prononcée lorsqu'ils eurent l'occasion d'approcher et de connaître le nouveau Roi, soit dans les députations que chacune des classes envoya pour le féliciter, soit dans les audiences particulières qu'il accorda à un grand nombre. Qu'ils avouent ingénuement qu'alors ils conçurent l'espoir de voir l'Espagne heureuse sous son gouvernement, et qu'ils désiraient vivement

---

(*a*) Voyez la note 24.

non le commencement d'une guerre d'extermination, mais celui d'un règne paisible qui permit à la nation de réaliser les réformes salutaires auxquelles tous se préparaient et s'offraient de contribuer. Que croire, par exemple, lorsque la députation de la Grandesse disait au Roi : « Sire, les Grands d'Espagne se sont rendus » célèbres dans tous les temps par leur loyal » attachement à leurs Souverains, V. M. trou- » vera en eux la même fidélité et le même dé- » vouement. » Le Conseil de Castille offrait également à la nation la perspective flatteuse de sa prochaine réforme, lorsque ses députés s'exprimaient ainsi : « Sire....., V. M. est la » branche principale d'une famille destinée par » le ciel à régner..... Généreux Espagnols, ne » croyez pas que votre sainte religion reçoive » la moindre atteinte : elle sera toujours unique » et dominante en Espagne dans toute sa pu- » reté. La législation, les usages, les coutumes » et formes usitées, les tribunaux, le clergé, » les corps nationaux seront conservés et amé- » liorés avec une grande utilité pour l'Église » et pour l'État.... Veuille le ciel que nos vœux » soient exaucés, et que V. M. devienne le Roi » le plus heureux de l'univers, comme nous le » lui désirons au nom du suprême tribunal » dont nous sommes députés. » Les Conseils de l'inquisition, des Indes, des finances et des ordres militaires, se disaient « heureux de voir le Souverain destiné à gouverner les vastes provinces de l'Espagne, désirant qu'il trouvât dans son sein sa propre félicité, en faisant celle de ses sujets. »

On dira peut-être que ces expressions, dictées par la politesse et la flatterie, sont pour ainsi dire d'étiquette dans les discours qui se prononcent en pareilles occasions; mais les Souverains ne pensent pas ainsi; ils connaissent trop bien l'influence exercée par les premiers personnages d'un royaume sur l'opinion générale, et s'ils réussissent à la créer en leur faveur, peu leur importe le plus ou moins de franchise dans ceux qui ont contribué à la former. Au reste, pourquoi cette dissimulation se serait-elle étendue jusques sur les entretiens secrets et la conduite particulière des députés? On n'y remarquait que la confirmation des désirs et de l'espoir de voir la nation accepter avec résignation le nouveau Souverain ; on s'accordait à faire des vœux pour que ce changement de dynastie, qui paraissait inévitable, se fît sans effusion de sang, et l'on assurait que la présence du Roi réunirait tous les esprits et ramènerait le peuple à la tranquillité (a).

(a) Voyez la note 25.

Rien de tout ce qui vient d'être rapporté ne peut servir de preuves contre la loyauté et le patriotisme des membres de la Junte de Bayonne, et la nation a fait voir qu'elle en jugeait ainsi, puisque, depuis le commencement de la guerre, un grand nombre des députés a obtenu des commandemens militaires ou d'autres emplois de grande importance, et les exerce encore aujourd'hui auprès de S. M. En effet, ils ne furent pas appelés à changer la dynastie, ni même à donner leur sanction aux changemens opérés par les traités du mois précédent. Jamais la Junte de Bayonne n'eut la permission d'en délibérer, jamais elle ne s'en occupa : le but de sa réunion était le plus patriotique et le plus digne des hommes qui veulent sincèrement le bien. S'il était possible d'obtenir que le nouveau Souverain gouvernât conformément aux règles consacrées dans une constitution monarchique qui assurât à la nation la liberté et la représentation convenables, c'était alors qu'il fallait rendre à la patrie un service d'une utilité durable ; mais tous les membres de la Junte savent très-bien qu'il ne fut pas en leur pouvoir d'exécuter cet ouvrage comme ils l'auraient désiré, pour lui attirer plus de confiance et remplir plus dignement l'attente de leurs concitoyens.

Quoique Azanza n'eût été nommé par l'Empereur que pour présider la Junte, il ne laissa pas de lui représenter combien il serait à propos que la nation fût assemblée en Cortès et dans l'intérieur de l'Espagne, vu que la Junte n'offrait pas un caractère de représentation nationale suffisant pour sanctionner une transaction d'un si grand intérêt. L'Empereur partant du principe que l'acceptation de la nation suppléerait à toutes les formalités que les circonstances ne permettaient pas de remplir, mit entre les mains d'Azanza un projet de constitution qui devait être présenté à la Junte, avec ordre de former deux commissions chargées de proposer les changemens et modifications qu'elles jugeraient convenables (a). La Junte, malgré le peu de temps qui lui fut accordé, en fit en effet quelques-uns qui lui parurent utiles. Elle n'eut que douze séances, et l'ordre de l'Empereur lui donna pour premier secrétaire D. Mariano Luis de Urquijo, conseiller d'Etat; et pour second, le conseiller des finances D. Antonio Ranz Romanillos. Les députés eurent la plus entière liberté d'émettre leurs opinions et leurs votes; il nous serait facile de mettre au jour plusieurs de celles qui furent données par écrit;

(a) Voyez la note 26.

elles seraient une nouvelle preuve de la bonne foi avec laquelle on cherchait unanimement le bien de la patrie, et l'on désirait asseoir avec sagesse les bases du gouvernement futur. Dans la dernière séance du 7 juillet, la constitution fut acceptée, le serment de fidélité fut prêté par tous les députés (a), et l'ordre du retour en Espagne fut donné pour le 9.

Le nouveau Souverain composa sa cour et sa maison des mêmes hommes qui naguères servaient sous Ferdinand, et qui conservèrent leurs emplois auprès de lui. De ce nombre étaient MM. les Ducs de l'Infantado, de Frias, de Hijar, del Parque; le Marquis d'Hariza, le Prince de Castelfranco, les Comtes de Fernan-Nuñez, de Orgaz, de Castelflorido, de Santa Coloma et plusieurs autres grands personnages. La maison du Roi s'accrut à Burgos des majordomes de quartier Comte de Casa-Tilly, et Marquis de Cevallos qui étaient venus de Madrid. Le Marquis d'Astorga, grand écuyer, retenu à Arevalo par une indisposition qui l'empêchait d'aller à la rencontre du Roi, lui adressa ses humbles excuses et lui offrit ses hommages. D. Pedro Cevallos fut confirmé au ministère des affaires étrangères, Azanza fut chargé du ministère des Indes, et

---

(a) Voyez la note 27.

celui des finances qu'il avait exercé jusqu'alors fut donné au conseiller d'état Comte de Cabarrus ; D. Sébastien Piñuela et O-Farrill furent continués dans ceux qu'ils exerçaient déjà; D. Joseph Mazarredo, lieutenant-général de la marine, en obtint le ministère, et D. Mariano Luis de Urquijo fut nommé ministre secrétaire d'état.

On a vu précédemment qu'avant la publication des traités de Bayonne, plusieurs communes du royaume avaient commencé à manifester leur résistance à l'introduction du nouveau gouvernement. A Séville, Badajoz et Oviedo le peuple se souleva aussitôt qu'il apprit ce qui s'était passé à Madrid le 2 mai, et on attendait par-tout avec inquiétude le dénouement d'une crise aussi terrible. Les autorités locales calmèrent les premières agitations de Séville et de Badajoz, et le lieutenant-général ordonna au Comte del Pinar, conseiller de Castille, et à D. Juan Melendez Valdes, ex-fiscal de la cour des alcaldes *de casa y corte*, de se rendre en Asturies pour y tranquilliser les esprits; mais la nouvelle du changement de dynastie les y ayant devancés, le soulèvement s'était étendu dans toute la province, et bien loin de pouvoir ramener le peuple par la persuasion, ils se virent insultés, menacés et dans un danger imminent de perdre la vie, ainsi que le gouverneur militaire de la principauté, et le commandant d'un détachement de carabiniers royaux qui y fut envoyé de renfort.

Depuis le 25 mai, l'autorité du Gouvernement était méconnue à Valence, et trois jours plus tard le peuple mutiné coupa toute communication avec Madrid. Il en fut de même à Séville le 26, et en Aragon le 27. Ce soulèvement gagna rapidement toutes les villes et provinces du royaume, à l'exception des places occupées par les troupes françaises, et des communes sur lesquelles leur domination pouvait s'étendre.

Dans les premiers jours de cette fermentation on conservait encore l'espoir de la calmer en peu de temps ; on voyait plusieurs dépositaires de l'autorité s'y opposer énergiquement, ou en devenir les victimes ; et ceux qui consentaient à se charger de l'administration publique dans une situation si pénible pour tous, ou obéissaient à la force, ou paraissaient lui céder.

Le brigadier D. Joseph Palafox s'était trouvé en congé à Bayonne, d'où il s'était rendu à Saragosse ; il est probable que S. M. lui donna de vive voix les mêmes ordres qu'elle avait adressés à la Junte de Gouvernement, sur l'appel de la nation aux armes, et la résistance aux projets de l'Empereur ; et on devait s'attendre que Palafox s'efforcerait de les mettre à exécution dans le royaume d'Aragon.

Les ministres qui faisaient encore partie de la Junte de Madrid, et qui, comme on l'a expliqué précédemment, n'avaient pu remplir lesdits ordres, dépêchèrent le marquis de Lazan vers son frère Palafox, pour l'instruire de ce qui s'était passé, et lui recommander de tranquilliser les Aragonais par tous les moyens que sa prudence pourrait lui suggérer. Le marquis écrivit de Saragosse à O-Farrill, pour lui annoncer que son frère n'était déjà plus le maître de pacifier la province, et d'obliger le peuple à changer la marche qu'il avait adoptée pour asseoir son gouvernement et conserver sa liberté.

Pendant que le Roi Joseph préparait et effectuait son voyage de Bayonne à Madrid, plusieurs provinces du royaume devenaient le théâtre d'événemens de la plus haute importance. Le Grand Duc de Berg était tombé malade, et l'opiniâtreté du mal l'avait obligé à retourner en France, laissant à Madrid le général Savary chargé du commandement militaire. L'insurrection prenait de jour en jour dans les provinces un caractère plus sérieux, et les troupes françaises, pour la dissiper, travaillaient de toute part avec plus ou moins de succès.

La résistance courageuse des habitans de Saragosse faisait traîner en longueur le siége de leur ville par le général Lefebvre Desnouettes. Le maréchal Duc de Connegliano abandonnait les portes de Valence, parce que les forces qu'il conduisait n'étaient pas proportionnées à celles que les habitans avaient réunies pour soutenir la résolution prise par eux de ne pas se soumettre. Le général Dupont, envoyé avec environ 12,000 hommes pour occuper l'Andalousie, pénétrait jusqu'à Cordoue sans rencontrer d'obstacles. Le maréchal Duc d'Istrie renversait et dispersait à Cabezon la multitude de paysans armés, que le peuple de Valladolid contraignit D. Grégorio Cuesta, capitaine général de la Vieille Castille, à lui opposer; et peu de jours après attaquait le corps de troupes de Galice auquel s'était réuni Cuesta avec ses Castillans. La bataille se donna à Médina de Rio Seco, et la déroute des Espagnols ouvrit au Roi Joseph le chemin de la capitale.

Le tocsin se fit entendre de toute part, les soulèvemens populaires se multiplièrent, et la populace effrénée commença une série d'attentats horribles contre tous ceux que son caprice désignait comme fauteurs des projets de l'Empereur Napoléon. Elle s'acharna spécialement sur les chefs militaires et civils, et sur ceux qu'elle croyait avoir joui de plus de faveur sous le règne de Charles IV. On compte au nombre des victimes de sa fureur insensée le capitaine général de marine, D. Francisco de Borja ; le marquis del Socorro, capitaine général d'Andalousie ; le Comte de Torrefresno, gouverneur de Badajoz ; D. Santiago de Guzman et Villoria, gouverneur de Tortose ; le lieutenant général D. Antonio Filangieri ; les maréchaux de camp D. Miguel de Cevallos, et D. Pedro Truxillo ; D. Juan de Toda, gouverneur de Villa-Franca de Panades ; le Comte del Aguila à Séville, et le Baron de Albalat à Valence. Tous furent assassinés et mis en morceaux dans des soulèvemens. Il en résulta une terreur universelle, l'anarchie devint générale, et mit ceux qui gouvernaient dans la dure nécessité de plier devant la populace, et de se prêter à tous ses caprices.

Telle était la situation de l'Espagne, lorsque le Roi Joseph entra à Madrid le 20 juillet, conjoncture peu favorable à la vérité pour lui attirer des démonstrations d'allégresse de la part des habitans de la capitale, effrayés de l'aspect formidable que prenait l'insurrection dans les provinces, et des hostilités prêtes à commencer dans quelques-unes d'entr'elles. Au milieu d'une crise dont l'issue est si douteuse, on doit s'attendre que nul, sans y être obligé, ne se prononcera pour un parti, et que ceux même qui ont déjà fait connaître leur choix se tiendront à l'écart, jusqu'à ce que de nouveaux événemens éclaircissent leur marche. Nonobstant cela, la noblesse et toutes les autorités de Madrid reconnurent le nouveau Souverain, et se présentèrent pour le féliciter, à l'exception du Conseil de Castille qui se refusa à prêter le serment de fidélité prescrit par la constitution, et déjà prononcé par le Conseil d'Etat, celui des Indes, et d'autres corps. La résistance du Conseil Royal et le refroidissement de quelques individus, qui jusqu'alors paraissaient entrer de bonne foi dans le nouvel ordre de choses, furent produites, suivant l'opinion générale, par la nouvelle des succès qui avaient marqué nos débuts militaires en Andalousie. Là s'était formé avec la plus grande activité, et par les soins de la Junte de Séville, un corps de troupes nationales, qui, sous les ordres du général D. Francisco Xavier Castaños, défit et força à capituler à Baylen celui que le général Dupont y avait conduit, et celui du général Vèdel qui venait le renforcer et se mettre sous ses ordres.

Le Roi Joseph n'eut connaissance de cette affaire que le 27 ou 28 juillet; elle l'obligea à évacuer la capitale et à se retirer sur l'Ebre. La longue expérience qu'il avait des révolutions ne lui permettait pas de se faire illusion sur la position délicate des Espagnols, et sur-tout des hommes publics et des grands qui servaient près de lui ; en conséquence, loin d'obliger personne à le suivre dans sa retraite qu'il croyait devoir être de courte durée, il laissa à chacun et même à ses propres ministres la liberté pleine et entière de faire ce qu'ils jugeraient à propos. Plusieurs individus marquans l'accompagnèrent, mais en petit nombre, attendu le peu de temps qu'il y avait pour se préparer au voyage, et trouver des moyens de transport épuisés déjà par une armée en retraite. Presque tous répugnaient à abandonner leurs familles, et redoutaient les incommodités et les frais d'un voyage qui les prenait au dépourvu. Des sept ministres qui étaient avec le Roi, cinq se déterminèrent à le suivre, à savoir : MM. Mazarredo, Cabarrus et Urquijo, avec Azanza et O-Farrill. MM. Cevallos et Piñuela firent valoir dans le Conseil des ministres les raisons personnelles qui les obligeaient à rester à Madrid.

Tels furent les événemens les plus importans qui signalèrent cette quatrième époque, qui comprend deux mois et demi, et peut s'appeler

peler l'époque de l'installation de la nouvelle dynastie sur le trône qui lui avait été cédé par les traités de Bayonne. Aucun des faits de cette courte période ne concerne particulièrement Azanza ni O-Farrill. Ils ne prirent d'autre part aux formalités de cette installation que celle qui fut commune à toutes les autres autorités de la capitale, et à tous les hommes publics qui composaient alors le Gouvernement espagnol. Il suffira d'un examen rapide pour mettre en évidence la vérité de cette assertion.

Et en effet la présence d'Azanza à la Junte de Bayonne qui rédigea la constitution et lui prêta serment de fidélité, ne peut donner lieu à un chef d'accusation contre lui, puisque ce n'en a pas été un contre tous ceux qui comme lui y ont concouru. Azanza ne fut pas appelé dans cette ville pour assister à une assemblée de notables, mais, comme il a été dit plus haut, pour une commission de toute autre nature, et appartenante à son ministère des finances. Dénué de procuration et de titre d'élection d'aucuns corps, il reçut de l'Empereur l'ordre de rester pour présider l'assemblée. La qualité de président, qui ne pouvait manquer d'être conférée à un des Espagnols convoqués, ne donnait à Azanza ni plus d'influence, ni plus de voix qu'à quelqu'autre membre que ce fût; son rôle dans ce congrès ne différait en rien de celui de ses collègues, à la seule différence près, que sa place le forçait de servir d'interprète aux volontés de l'Empereur et du nouveau Roi, et il n'a pas à se reprocher d'avoir employé pour les faire adopter ni les menaces, ni la séduction. Tout fut soumis à la délibération, jusqu'aux discours qu'Azanza devait prononcer devant l'Empereur ou le Roi, en sa qualité de président. En dernière analyse, il invoque le témoignage des députés eux-mêmes, tous gens d'honneur et incapables de blesser la vérité; il leur demande si ses démarches auprès de l'Empereur attirèrent à un seul d'entr'eux des désagrémens ou des inquiétudes, et s'il ne fut pas toujours prêt à s'employer pour étouffer les ressentimens, éviter les soupçons et maintenir l'harmonie.

Si Azanza et O-Farrill acceptèrent du Roi Joseph la confirmation de leurs emplois, on ne peut trouver matière à inculpation contre eux dans un fait qui a été commun aux autres ministres de S. M. Ferdinand VII, aux Grands d'Espagne, aux individus des Conseils et magistrats de tout rang, qui conservèrent les leurs et les exercèrent plus ou moins de temps à Madrid, sans que pour cela ils aient jamais été déconsidérés ni disgraciés. Cette conduite fut si générale, que ceux même qui composaient la maison et la suite du Roi Ferdinand VII à Valençay furent les premiers à prêter serment à la constitution et au nouveau Roi, et à solliciter la conservation de leurs emplois respectifs (*a*). Ces actes furent l'effet d'une volonté d'autant plus libre, qu'il n'est pas parvenu à notre connaissance que le Roi Joseph se soit refusé à admettre une renonciation, s'il en est qui la lui aient offerte. Azanza et O-Farrill avouent avec franchise, que ni alors, ni dans aucune époque de la révolution, ils n'ont éprouvé de la part de l'Empereur, de son frère, ni de personne, la moindre violence, et ne se sont jamais prêtés à l'exercer contre qui que ce soit. L'utilité publique et le bonheur de la patrie, dans les circonstances où elle se trouvait, ont été les seules raisons bien ou mal fondées qui les ont fait agir.

Ces circonstances ne se présentaient pas sous un semblable aspect à tous les yeux, et cela devait être ainsi; mais il y eut un moment où les mêmes principes politiques nous persuadèrent tous qu'il convenait de consentir et de se soumettre. Il est de fait que jusqu'à la veille

---

(*a*) Voyez la note 28.

de l'évacuation de la capitale par le Roi Joseph, il n'y eut qu'un petit nombre des employés de toutes classes qui se refusât à le reconnaître et à lui prêter serment de fidélité. Personne ne se fit scrupule de continuer à exercer un emploi public, dont l'exercice suppose qu'on reconnaît l'autorité, et équivaut à un assentiment. Il est constant également que le Conseil de Castille avait refusé le serment à la constitution ; mais les provinces hors de la domination française, et leurs Juntes particulières ayant mis en principe que celui qui accepte ou continue d'exercer un emploi est, par cela seul, censé au service de celui de qui il relève, le Conseil ne put éviter les attaques dirigées contre sa réputation, et se vit obligé, pour justifier sa conduite, à des démarches plus minutieuses et d'un effet plus tardif, que ceux qui avaient expressément prêté le serment ; ceux-ci obtinrent des pouvoirs et des honneurs long-temps avant que le Conseil par la publication de son *Manifeste* pût recouvrer la confiance publique, dont les Juntes avaient voulu le priver.

Il est enfin indubitable que jusqu'à la bataille de Baylen, l'installation du nouveau Souverain était entourée dans la capitale de tous les témoignages d'adhésion et de soumission qui constituent l'autorité royale ; mais aux premières nouvelles de cette affaire, les esprits commencèrent à balancer. Plusieurs de ceux qui avaient admis *sans restriction* le nouvel ordre de choses, dans la croyance qu'il s'établirait sans efforts, s'aperçurent que les prémices d'une guerre à laquelle ils ne s'attendaient pas les obligeaient à se mettre en mesure pour plus long-temps qu'ils ne l'avaient jugé. On compterait sans peine ceux qui n'eurent pas à lutter pour se décider au sacrifice de leurs sentimens pacifiques, et qui ne balancèrent pas sur le parti qu'ils avaient à prendre. Même après s'être déterminés, on voyait clairement dans le plus grand nombre l'inquiétude, le soin avec lesquels on épiait les bruits et les moindres indices qui pouvaient confirmer, changer ou modifier la résolution que l'on avait prise. En un mot l'affaire de Baylen qui n'apportait aucun changement à la nature du parti politique que chacun avait embrassé, parut aux yeux d'un grand nombre de personnes changer au moins l'état des choses.

Nous avouons que ce ne fut pas notre opinion, ni celle de tant d'autres qui, pour avoir pensé comme nous, suivirent le Roi Joseph dans sa retraite à Vittoria. C'est ainsi que nous nous exprimions alors avec franchise et sans détours, et bien des personnes pourraient attester qu'ils nous ont entendu dire à cette époque que l'affaire de Baylen nous paraissait un événement isolé, dont on ne pouvait tirer aucune conséquence pour juger de ce qui aurait lieu lorsque l'Empereur, voyant la guerre inévitable, déployerait contre l'Espagne toutes les forces qu'il avait à sa disposition. La bataille de Baylen n'affaiblit en rien la persuasion où nous étions que l'Espagne ne pouvait pas lutter avantageusement contre l'Empire français; cette conviction nous décida, et depuis lors servit seule de règle à notre conduite politique.

Nous renvoyons à l'époque suivante l'exposé des motifs que nous eûmes pour penser ainsi ; mais en attendant nous croyons avoir prouvé par des faits bien connus, que notre conduite politique a été la même que celle de toutes les autorités et corporations de la capitale, jusqu'à l'époque de la première sortie de Madrid en juillet 1808 ; nous ne fîmes jusque-là que ce que firent les autres. De ce qu'ils ont auguré différemment que nous de l'avantage de Baylen, de ses conséquences, et abandonné le nouveau chef de la nation, s'ensuit-il qu'ils ne l'aient pas reconnu avec serment et servi comme nous jusqu'alors ? Lorsque dans le cours de la révolution ils ont passé dans le parti contraire, quelles raisons apportèrent-ils pour se justifier qui ne puissent aussi s'appliquer à nous jusqu'à la même époque? Est-ce au peu de temps qu'ils tinrent à leurs promesses qu'ils durent l'oubli ou le pardon des services qu'ils avaient rendus et des sermens qu'ils venaient de prêter? alleguèrent-ils pour leur défense la nécessité de céder à la force? Jamais on n'a obligé personne à prêter serment, ni à exercer un emploi. Qui empêchait les fonctionnaires publics qui se trouvaient à Madrid, de renoncer à leurs places ou de fuir dans les provinces dégagées de troupes françaises? Pourquoi n'y en eut-il pas un seul qui abandonnât le Roi Joseph, sinon au moment où il les abandonnait lui-même? Si les sermens étaient de nulle valeur, pourquoi le Conseil se refusa-t-il à les prêter? S'ils obligeaient avant la bataille de Baylen, pourquoi cessèrent-ils d'obliger après cet événement, et lorsque rien n'avait été altéré dans les hommes ni dans les choses.

Notre but, en faisant ces questions, n'est pas de censurer les bases incertaines et arbitraires sur lesquelles ceux qui ont gouverné la nation pendant la guerre ont fondé les jugemens qu'ils ont portés sur la conduite des Espagnols, et nous cherchons bien moins encore à accuser ceux d'entre eux à qui elles pourraient être appliquées. Nous voulons seulement faire voir que, ayant tous agi avec la même bonne foi et suivi les mêmes principes, dans la croyance que le salut de la nation et son indépendance y étaient attachés, on n'a pas rendu justice aux sentimens qui nous animaient, à la persuasion qui nous entraînait, comme on l'a fait à l'égard des autres, soit avant, soit après la bataille de Baylen et l'évacuation de Madrid. Les principes et les bases de la morale et de la politique, d'après lesquels on apprécie la conduite des hommes, doivent-ils donc varier comme les chances de la guerre?

Nous voici arrivés au point le plus essentiel de notre justification et de notre défense; il nous importe de l'examiner avec attention, et c'est ce que nous nous proposons de faire dans la cinquième partie de ce Mémoire.

CINQUIÈME ÉPOQUE.

Exposition des principes politiques qui guidèrent, pendant la révolution d'Espagne, Azanza et O-Farrill, et toute la partie de la nation qui adopta le nouvel ordre de choses, à dater des renonciations de Bayonne jusqu'au retour de S. M. D. Ferdinand VII au trône.

Lorsque la constitution fut signée à Bayonne, lorsque le nouveau Roi reçut les sermens de fidélité des députés, et à leur exemple celui des autorités, corporations et municipalités du royaume, il n'y eut pas un Espagnol qui pût méconnaître que les circonstances, dont le changement de dynastie avait été accompagné, le rendaient nécessairement odieux à la nation entière : mais le souvenir des maux que d'autres pays avaient eu à souffrir dans une guerre de conquête, et l'horrible perspective d'une guerre civile les obligeaient à considérer le nouvel ordre de choses comme un de ces arrangemens politiques auxquels il faut absolument acquiescer, sur-tout lorsque leurs légitimes Souverains avaient témoigné que cette opinion était la leur.

Les ordres et instructions péremptoires dont

ils accompagnèrent la cession du trône d'Espagne à l'Empereur des Français, ne se bornaient pas à nous recommander l'obéissance, ils prescrivaient encore à la nation la marche qui lui était indiquée par ses intérêts. L'exemple des années précédentes avait érigé en axiome politique *la nécessité de l'union avec la France*: cette union n'avait pas été troublée depuis la paix de Bâle, et la nation espagnole avait reconnu, par une longue expérience, les avantages de la circonspection avec laquelle elle s'était refusée à entrer dans la coalition des autres puissances du continent, avec qui elle ne peut avoir que des rapports trop éloignés pour qu'elle identifie sa politique à celle de ces différens États. Il est certain qu'un accroissement considérable de forces dans un des États de l'Europe, en détruisant le juste équilibre, est nuisible à chacun d'eux. L'agrandissement de la France causait de vives inquiétudes à d'autres puissances, et sur-tout à l'Angleterre qui, attendant ses moyens d'existence de sa participation au commerce du continent, ne pouvait consentir qu'il fût gouverné et influencé par une puissance rivale; mais compromettre son existence pour combattre cette prépondérance, eût été impolitique à l'Espagne qui, n'ayant pas d'autre point de contact par terre, et formant un seul tout avec la France, dont les côtes ne sont, sur les deux mers, que la prolongation des siennes propres, éprouvait le besoin de confondre avec elle ses intérêts, et de régler sa conduite sur la sienne. C'est à son attachement à ce système que l'Espagne, durant la période de temps dont nous parlons, dut la conservation non interrompue de sa tranquillité au milieu du désordre général, des révolutions et des guerres sanglantes qui épuisaient et anéantissaient d'autres contrées européennes.

Que firent donc les députés à la Junte de Bayonne qui signèrent une constitution, et les autres Espagnols qui l'acceptèrent? Ils s'efforcèrent de conserver, autant qu'il était en eux, l'indépendance et la liberté de la nation; ils mirent en pratique les maximes de convenance politique dont une expérience récente, appuyée sur celle d'un siècle tout entier, avait démontré l'utilité, la nécessité même, à deux nations à qui leur position géographique fait une loi de vivre toujours en harmonie. Que l'on considère la cruelle alternative où se trouvait l'Espagne par l'abdication de ses Souverains, et l'on sera forcé d'avouer qu'elle devenait moins funeste si on parvenait à éviter une révolution dans l'intérieur, ou une guerre de conquête dans laquelle on avait à lutter contre les forces de la France. Voilà le but que les députés de Bayonne se proposèrent et les désastres qu'ils voulurent épargner à la nation, en reconnaissant le nouveau Souverain qui lui était offert; tel était le parti qu'ils crurent devoir lui conseiller, comme le seul qui pût sauver son existence politique, et lui conserver ses forces et ses ressources. Pour l'entraîner par leur exemple, les personnages les plus marquans de l'Etat firent tout ce qui dépendait d'eux, et reçurent du nouveau Monarque la confirmation de leurs emplois; et lors même que l'on objecterait que leur intention n'était pas de rester à son service si la guerre s'allumait, il n'en serait pas moins vrai que, la regardant comme le plus grand des fléaux qui pût désoler leur patrie, ils faisaient des vœux pour qu'elle n'eût pas lieu. C'est ici qu'il convient d'examiner sur quoi se fondait une opinion qui, de premier abord, fit adopter à tous le même plan de conduite, et les raisons qui obligèrent les uns à s'en écarter, et les autres à persister dans le parti qu'ils avaient embrassé de bonne foi.

Vainement on objecterait que ceux qui conservèrent et exercèrent leurs emplois sous le nouveau Gouvernement jusqu'à la fin de juillet 1808, n'avaient aucune connaissance de l'opposition déjà prononcée contre lui par une partie de la nation ; vainement ils prétendraient se disculper en alléguant qu'ils ignoraient l'existence d'un autre parti auquel ils eussent pu se réunir. Il était de notoriété que plusieurs provinces étaient soulevées et couraient aux armes, que plusieurs Juntes provinciales, nouvellement créées, s'arrogeaient l'autorité suprême, et qu'on s'occupait d'un traité d'alliance avec l'Angleterre. L'admission ou la conservation des emplois en pareille occurrence prouve que les principaux chefs de la nation, ou du moins ceux qui, par leur haute naissance ou la nature de leurs charges, composaient la cour et le haut Gouvernement, ne se décidèrent pas au commencement sur la seule considération de la justice et de la loyauté qui étayaient le parti national, mais sur l'opinion que chacun d'eux forma alors de la possibilité de le faire triompher, eu égard à la situation de l'Espagne, de la France et de l'Europe entière : les preuves de cette assertion sont consignées dans le cœur d'eux tous, elles ont suffi pour justifier ceux qui, après un certain temps, abandonnèrent le parti du Roi Joseph. Et n'est-ce pas sur cette même vérité que se sont fondés ceux qui l'ont toujours suivi, en persistant à regarder comme impossible que l'Espagne ne succombât pas à la fin sous le pouvoir immense que la France avait dans tout le continent ?

Il était facile de pronostiquer que dans une guerre que l'on jugeait devoir traîner en longueur, les succès et les disgrâces influeraient puissamment sur la conduite de presque tous les Espagnols ; et de même que l'événement de Baylen empêcha le plus grand nombre de suivre le nouveau Roi lors de sa retraite sur l'Èbre, les avantages successifs et non interrompus que les Français obtinrent plus tard dans la péninsule, en soumettant plus des quatre cinquièmes de la nation, lui ramenèrent un nombre prodigieux d'individus qui, perdant tout espoir d'arracher l'Espagne aux Français, venaient chercher le repos et la paisible jouissance de leur fortune à l'ombre d'un nouveau Gouvernement déjà reconnu par des milliers de communes.

En effet, lorsque vers le milieu de juillet 1808 le corps d'armée commandé par le général Dupont capitula à Baylen, l'enthousiasme national fut exalté ; on crut entrevoir la possibilité de résister aux Français et même de les vaincre. Ceux-ci se voyant obligés de concentrer leurs forces et de se retirer sur l'Èbre, le Roi Joseph dut évacuer Madrid à la fin du même mois ; et cet événement laissant à tous la liberté de se décider pour le parti qu'ils croyaient devoir l'emporter, chacun agit d'après l'idée qu'il forma des futurs contingens et des vicissitudes de cette guerre. C'est alors qu'on commença à distinguer deux partis, si l'on peut donner ce nom à deux opinions adoptées de bonne foi de part et d'autre, suggérées par le désir commun de servir la patrie, mais divergentes sur le choix des moyens. De là vint que les uns effrayés par les menaces de la populace et redoutant ses vengeances, ou ne consultant que leur position personnelle, les relations de famille et leurs intérêts particuliers, ou assez heureux pour n'avoir pas encore été obligés de mettre au jour leurs opinions politiques, prirent le parti de rester à Madrid, pendant que les autres se résolurent à sortir de la capitale et à se retirer avec l'armée du Roi Joseph à Vittoria.

On ne voit jusqu'ici que les conséquences d'un seul et même principe, et ce principe était *l'opinion particulière sur le dénouement probable de la guerre.* Et quel autre a jamais guidé les hommes de tous les lieux comme de tous les temps, lorsqu'ils ont vu leur patrie attaquée à la fois par les armes de la politique et celles d'une force supérieure et irrésistible ? Il serait absurde de supposer des *factions* dans un Etat où il n'était pas question de changer la forme de Gouvernement, et qui ne renfermait pas des partis qui se disputassent l'autorité suprême; dans une guerre qui ne présentait alors d'autre objet que celui de faire couler des ruisseaux de sang humain pour en venir à se convaincre qu'il convenait à une nation privée de ses anciens Souverains de conserver son indépendance, et de recevoir un Roi constitutionnel soutenu par les forces d'un empire qui donnait la loi à toute l'Europe. Dans tout autre pays, les mêmes causes eussent produit les mêmes effets, la même différence d'opinions et de conduite; on pouvait très-innocemment embrasser l'un ou l'autre des deux partis. On reconnaîtra sans difficulté que le but général était le salut de la patrie, que les uns cherchaient dans la soumission et les autres dans la résistance. Si l'idée que nos Souverains se formèrent des forces de l'Empereur les décida à abdiquer en sa faveur plutôt que d'exposer la nation à sa ruine et à la perte de son indépendance, c'est une preuve que ces mêmes forces paraissaient irrésistibles à leurs yeux. Ne serait-ce pas insulter à leurs vertus, mettre en doute leur rectitude, leur amour pour leurs sujets et leur confiance en eux, que de les croire capables de se soumettre sans nécessité, si on leur attribue une opinion contraire? Plusieurs

sieurs lettres de nos Rois, écrites avant leur sortie d'Espagne et publiées depuis, manifestaient cette conviction. Celles mêmes de Ferdinand VII démontrent qu'il ne croyait pas pouvoir se maintenir sur le trône que son auguste père lui avait cédé, et que toute la nation était disposée à lui conserver, s'il n'était reconnu par l'Empereur des Français. L'Espagne pouvait-elle résister à toutes les forces de l'Empire? Les démarches et les instructions de nos Rois étaient si fortement prononcées pour la négative, qu'il est hors de doute que ceux qui ont adopté ce principe et se sont comportés en conséquence, ont agi de la manière la plus propre à justifier la conduite de nos Princes aux yeux des nations de l'Europe et de leurs Souverains.

Et cette impossibilité, reconnue et avouée par nos Rois, lorsqu'ils étaient encore au milieu de nous, lorsque leur présence eût au moins doublé nos forces, ne devenait-elle pas plus incontestable mille fois dans l'abandon où se vit le royaume, au milieu de l'anarchie qui désolait nos provinces, sous le régime d'insubordination qui s'étendit à toutes les communes, lorsqu'on se disputait les débris de la souveraineté dans des Juntes provinciales qui s'arrogeaient le pouvoir suprême, et dominées par l'esprit de parti; lorsqu'enfin toutes les autorités accoutumées à imprimer le respect et la confiance tombèrent dans le mépris et le discrédit (a)?

On opposera peut-être à ces justes motifs de crainte la confiance que devait inspirer l'offre que l'Angleterre faisait de son alliance ? Quelle que fût l'opinion du cabinet de Saint-James sur l'issue de notre révolution, pouvait-il donc agir autrement ? L'Angleterre, réduite à lutter seule contre la France, ne devait-elle pas chercher un appui en Espagne et tirer parti des forces de terre et de mer que cette puissance pouvait employer ? Elle saisit avidement l'occasion favorable de cette diversion, la plus puissante qu'elle pût faire, pour transporter en Espagne le théâtre d'une guerre qui menaçait son île. Cette année-là, les ministres dévoilèrent au parlement leurs inquiétudes sur le sort de la nation. « Il faut, disait le ministre de la Guerre, Lord
» Castlereagh, que notre pays ne perde pas
» de vue le danger imminent où il se trouve,
» et se mette en mesure pour s'y soustraire.
» L'ennemi, qui naguères nous menaçait d'un
» seul endroit lorsqu'il réunissait ses troupes à
» Boulogne, possède aujourd'hui une immense

―――――

(a) Voyez les proclamations de la Junte de Séville du 29 mai 1808, et son Manifeste du 17 juin même année.

» étendue de côtes et un grand nombre de
» points d'où il peut s'élancer sur nous ; il a
» à sa disposition plusieurs villes maritimes,
» et entre autres Flessingue, qui le mettent à
» portée de décharger sur nos rivages les plus
» terribles coups. Je conviens du bon effet que
» produira la levée en masse des habitans de
» la campagne, et je reconnais que les milices
» volontaires nous seront d'un grand secours ;
» mais il est plus pressant encore d'organiser
» la troupe de ligne, et tant que cette force
» *ne s'élevera pas à 200,000 hommes, l'An-*
» *gleterre ne sera pas en sûreté.* »

Quels efforts ne devait pas faire un Gouvernement qui se voyait dans un semblable embarras, pour engager l'Espagne à accepter ses secours ? Cela prouve-t-il que l'Angleterre crût que nous résisterions avec succès aux Français, déjà maîtres de nos principales villes? Dira-t-on que lorsqu'elle se présenta au secours du Portugal, elle croyait que les Portugais pouvaient lutter contre la France ? Ne nous y trompons pas : en pareil cas une puissance, quelle qu'elle soit, ne se propose momentanément d'autre but que celui d'éloigner la guerre de son propre territoire, et de faire peser sur un pays étranger les chances de la lutte.

C'est sur ces données qu'il fallait, en juillet

1808, calculer et fixer sa décision pour ou contre la guerre, et se résoudre à rester à Madrid, ou à suivre les Français dans leur retraite.

Azanza et O-Farrill avouent, avec la franchise qui les caractérise, que les résultats de la guerre où la nation se voyait entraînée se présentèrent à eux sous le plus sinistre aspect; qu'ils jugeaient moralement impossible de résister aux Français et de les chasser de l'Espagne, lorsqu'ils considéraient notre situation, celle de la France, et l'attitude de soumission ou de déférence que prenaient à son égard toutes les puissances du continent. Ils prévoyaient que si la suprématie de la France se consolidait, si l'Angleterre renonçait en partie à ses prétentions à l'empire des mers, ou était conduite à faire sa paix avec la France par quelque événement qui fît varier le système de sa politique, l'Espagne serait sacrifiée, son indépendance compromise, et elle se verrait réunie à la France comme une grande partie de l'Italie. Ils avouent aussi qu'ils ne voyaient que deux partis à prendre; le premier offrait à l'Espagne la conservation de son indépendance et de son intégrité; un Roi constitutionnel soutenu par une puissance voisine et prépondérante; la réforme de tous les abus que la nation signalait, et la garantie des droits les plus précieux à la société. D'autre part, la possibilité de reconquérir nos Souverains par la force des armes ne se présentant que comme un songe, la guerre n'offrait plus à la nation aucun but d'utilité qui pût compenser les sacrifices immenses qu'entraîne après elle une résistance dont la force ne peut être calculée ni au commencement ni durant le cours d'une révolution. Enfin ils considérèrent que si l'Empereur à la tête de nouveaux renforts replaçait son frère à Madrid, leur présence pourrait être utile à la patrie et lui épargner une partie des malheurs de la guerre.

C'est une conduite politique basée sur les principes que nous venons de mettre au jour qu'il s'agit d'apprécier. La nation entière a pu déjà nous juger sur celle que nous avons observée dans la longue période de nos services antérieurs. Rien ne peut même faire soupçonner que des vues ignobles aient pu nous déterminer ; et si quelqu'un nous faisait un si sensible outrage, il ne manifesterait, dans une semblable injustice, que l'intention peu généreuse d'entacher la réputation que notre conduite privée nous a méritée ; mais il ne parviendrait pas à nous créer des délits et à en fournir les preuves.

En premier lieu, nous déclarons qu'on ne peut mettre en question si ce fut un crime d'adopter et de suivre les principes ci-dessus développés ; il suffit de connaître la valeur du mot *crime*, pour sentir qu'il ne peut nous être appliqué. Lorsque nos Souverains délièrent leurs sujets du serment de fidélité à eux et à leur famille, et leur conseillèrent et ordonnèrent d'*éviter l'effusion du sang, de préférer à tout l'indépendance et l'intégrité de l'Espagne, et de s'unir de cœur à la nouvelle dynastie*, ce ne fut pas sans doute pour tendre un piège à leur bonne foi et exposer une partie de la nation à commettre un délit en se soumettant à ces ordres, et en admettant un nouvel état de choses que l'on ne croyait pas pouvoir repousser. Tous étaient innocens des malheurs qui obligeaient leurs Rois à exproprier leur autorité et à rompre la chaîne des sermens qui les unissaient à eux. Comment donc seraient-ils devenus criminels, en recevant ces ordres avec résignation et en réglant sur eux leur conduite ? Si l'ensemble de ces déclarations les absout, ils ne peuvent être coupables que de ne pas avoir découvert quelque intention secrète cachée sous leur sens apparent. Comment n'a-t-on pas vu que ce serait attribuer au Roi la volonté de créer des coupables pour avoir ensuite à les punir ? et des coupables qui le seraient uniquement pour avoir reconnu et servi celui en faveur de qui il les déliait de leurs sermens. Et n'est-ce pas l'insulte la plus atroce que l'on puisse faire à S. M. ? Comment les conseillers de notre Souverain qui, depuis son retour au trône, lui ont suggéré des mesures de rigueur contre ceux qui ont servi le Gouvernement antérieur, ont-ils pu s'aveugler sur ce blasphême politique, ou ne pas craindre de le proférer ?

D'autres se sont attachés à *la justice de la cause* soutenue par une partie de la nation, pour en déduire l'accusation portée contre ceux qui ne votèrent pas pour la guerre. Il est facile de prouver que cet argument spécieux est dénué de fondement. Si sans égard pour toute autre considération, les Souverains et les nations entraient en guerre toutes les fois qu'ils y seraient autorisés par la justice et par le patriotisme le plus pur, le monde ne serait jamais en paix. Quel Roi, quel Etat n'a pas à revendiquer des droits très-fondés et sacrés peut-être ? Mais les monarques, comme les peuples, marcheraient à leur ruine s'ils admettaient ce principe politique ; il est de l'intérêt, et par conséquent du devoir des uns et des autres, d'éviter toute guerre où leur droit ne serait pas soutenu par la probabilité du succès, ou du moins par l'espoir d'un résultat proportionné aux dangers et aux sacrifices auxquels ils vont s'exposer. Cela est si vrai, que si on pouvait soumettre les résultats en politique à des calculs susceptibles d'être démontrés rigoureusement, on pourrait mettre en principe *qu'une guerre, quoique juste, mais entreprise avec la certitude de détériorer sa situation, ou de ne pas obtenir ce que l'on se propose*, serait l'acte le plus injuste et le plus anti-social. Cela vient de ce que les droits que les gouvernemens se disputent et réclament mutuellement tirent leur source d'une justice purement conventionnelle; au lieu que c'est la nature elle-même qui fait un devoir sacré aux sociétés politiques de veiller à leur conservation ; mais les futurs contingens n'étant pas soumis à des démonstrations exactes, les hommes sont obligés de se décider et de se conduire suivant des probabilités qu'il ne faut pas juger d'après l'événement.

Qu'on n'accuse donc pas ceux qui ont voulu éviter la guerre, d'avoir méconnu ou déprimé la justice qui militait en faveur du parti contraire. Qui jamais a pensé à nier que les Juntes et le peuple ne tendissent à un but légitime et honorable, et que leurs efforts pour l'atteindre ne prissent leur source dans des sentimens héroïques ? Mais s'il est vrai que d'après les lois de la guerre, l'Etat qui en appelle aux armes s'expose à une alternative effrayante; ceux qui dirigent les opérations ne se chargent-ils pas d'une immense responsabilité si, en pesant toutes les probabilités, elles n'annoncent qu'un résultat funeste ? Et combien peu s'en est-il fallu que l'issue de cette lutte n'ait été fatale à l'Espagne ? Réservons-nous de traiter cette question plus tard, et n'anticipons pas sur les événemens. Il nous suffit de pouvoir prouver d'une manière incontestable, que dans les quatre premières années, ceux même qui avaient le plus de confiance dans les forces nationales en étaient venus au point de perdre, non cette constance héroïque et ce noble enthousiasme qui ont été enfin couronnés par le succès, mais l'espoir de parvenir à un dénouement aussi heureux. Lorsqu'alors tout nous démontrait que nos forces étaient en trop grande disproportion avec celles de notre agresseur, et incapables sur-tout de l'obliger à nous rendre nos Souverains, fallait-il sacrifier la nation ? L'histoire nous offre mille exemples de peuples qui n'ont retiré d'autre fruit d'une conduite semblable, que la perte de leur indépendance. Combien de fois ne voyons-nous pas les générations suivantes adopter, comme la source de leur félicité, le parti que leurs aïeux avaient obstinément refusé. En remontant à l'empire romain, ou pourrait citer plusieurs des Etats de l'Asie réduits, après avoir refusé un Roi de la main du sénat qui, à titre de protecteur, s'immisçait dans toutes les querelles des familles régnantes, à recevoir ses lois comme pays conquis, et devenir des provinces de la nation victorieuse. Cinq siècles de cruautés, de vengeances et de perfidies, qui déshonorent à la fois les oppresseurs et les opprimés, séparèrent l'Irlande de l'Angleterre, et cependant elle a trouvé l'assurance de son bonheur futur dans une réunion que sa position géographique indiquait comme indispensable. Les nations les plus sages sont celles qui, voyant leur existence politique compromise, ont tout fait pour se la conserver. La Norvège vient d'en donner un exemple. Le désir de maintenir sa constitution et son indépendance, quoique sous les ordres d'un nouveau Souverain, lui a fait mettre bas les armes qu'elle avait prises pour le soutien de la cause la plus juste et la plus patriotique dont les annales modernes puissent offrir l'exemple, mais qu'elle reconnaissait insuffisantes devant les forces de la Russie et de la Suède, à qui il avait convenu de disposer d'elle; et après s'être vu gouverné pendant plus de quatre siècles par des Souverains danois, ce royaume a été forcé, pour conserver son titre, son rang, et les avantages d'un Etat constitué, à se soumettre à la dynastie de Charles XIII (*a*). Il est donc bien démontré, tant par des argumens invincibles que par des faits historiques, qu'il ne suffit pas qu'une cause soit juste pour qu'on doive adopter le parti de la défendre par la voie des armes, et que les inconvéniens d'une guerre peuvent se présenter d'une manière si claire et si frappante, que ce soit un service et non un délit d'en épargner les malheurs à une nation.

En conséquence nous n'avons nul besoin de prouver que nous n'avons pas commis un crime; mais cela ne suffit pas : l'honneur et le soin de notre réputation nous imposent la loi de mettre en évidence le point principal de notre justification. Nous devons prouver que lorsque les armées françaises étaient au cœur de l'Espagne, lorsque nos places fortes étaient en son pouvoir, lorsque nous voyons la puissance de l'Empire français s'accroître à chaque guerre continentale, à chaque coalition armée contre lui, le parti que nous adoptâmes était impérieurement dicté par l'intérêt de la nation, par le devoir de lui conserver une existence politique, d'écarter les dangers qui la menaçaient, dangers d'autant

---

(*c*) Voyez la note 29.

plus à craindre que l'on supposera plus d'ambition et de témérité dans le chef qui dominait sur la France.

C'est sous ce point de vue qu'on aurait dû toujours considérer la conduite de ceux qui reconnurent le nouveau gouvernement, et qui de bonne foi embrassèrent le parti que dans les transactions de Bayonne on leur offrait comme le seul capable d'éviter la ruine de la patrie. Et si, pour exalter l'enthousiasme national, on a pendant la guerre donné à leur conduite les épithètes les plus odieuses, pourquoi le moment ne serait-il pas venu de l'examiner à la seule lueur d'une froide et impartiale raison? Quel avantage résultera-t-il à la nation et à notre Souverain de continuer et d'envenimer la lutte des passions haineuses? Une cause qui a triomphé d'une manière aussi heureuse qu'inespérée a-t-elle donc encore besoin de mendier leur appui? Le parti que la providence a favorisé perdra-t-il de sa gloire, parce qu'il sera prouvé que celui que nous adoptâmes paraissait alors le seul fondé sur les règles politiques de la conduite des hommes? Et lorsque l'Europe avoue à haute voix cette vérité, lorsque les Souverains et les gouvernemens qui tant de fois ont succombé sous le pouvoir des Français, ne craignent pas de la reconnaître, l'Espagne sera-t-elle la seule qui se refuse à la concevoir et à l'admetttre, et à qui il soit nécessaire d'en donner des preuves ?

Nous sommes obligés de les lui retracer ; mais les événemens dont l'Espagne et le reste de l'Europe ont été le théâtre sont de si fraîche date, que nous pouvons épargner au lecteur l'ennui d'un trop long exposé, et en appeler à sa mémoire pour une grande partie des faits que nous aurions à citer.

Nous avons déjà donné l'état de nos forces, et on a pu calculer celles qu'il était possible de réunir pour former un corps d'armée respectable et suffisant pour assurer à l'ouverture de la campagne des avantages qui permissent à la nation de faire de nouvelles levées. Toutes les troupes étaient disséminées dans les provinces non occupées par les Français, et lors même que la nation aurait eu à sa tête un chef suprême, il n'aurait pu, pour commencer les hostilités, réunir plus de 40,000 hommes d'infanterie et 4 à 5000 chevaux, en y comprenant une partie des troupes qu'il y avait en Portugal. Mais cette réunion qui, lors même qu'elle eût été dirigée par un chef suprême, eût cependant demandé du temps, devenait impossible lorsque la souveraineté fut partagée en autant de fractions qu'il y avait de provinces. Chacune d'elles retint pour sa défense les troupes qui étaient stationnées sur son territoire; systême qui, s'il n'eût pas été modifié par la création d'un gouvernement central, eût rendu la conquête plus prompte et plus facile. L'Andalousie, la province la mieux garnie de troupes, put à peine, au bout de quelques mois, réunir, graces à l'activité de la Junte de Séville, une armée de 36,000 hommes; encore était-elle composée à moitié de recrues non habillées et commandées en très-grande partie par des officiers nouvellement entrés au service.

Cadix était dans toute la péninsule la seule place forte susceptible de se défendre, et par conséquent le dernier retranchement offert aux troupes obligées de se réfugier dans ses murs; mais Cadix par sa position ne protége aucun territoire, et ne peut appuyer qu'un plan très-limité d'opérations militaires. La Corogne, le Ferrol et Carthagène pouvaient résister aux attaques par mer, mais non à celles par terre. Alicante soutiendrait plus avantageusement un siége, mais il ne peut non plus que Cadix protéger le pays. Badajoz et Ciudad-Rodrigo ne pouvaient servir qu'à assurer nos communications avec le Portugal. Cet avantage était nul alors, attendu que les Français étaient maîtres de Lisbonne, et des principaux ports, et que les Portugais ne paraissaient pas vouloir mettre obstacle à l'établissement du gouvernement français dans leur pays. Nous ne possédions plus du côté de la France que Jaca, Rosas et Girone, et cette dernière place était la seule essentielle pour les communications. Nous n'étions plus maîtres de nos principales fabriques d'armes à feu et d'armes blanches, de celles de munitions, ni d'autres magasins que ceux de Séville et Saragosse, villes ouvertes, peu sûres, et sur-tout la dernière que la proximité de la frontière exposait davantage aux entreprises des Français.

A la vue d'un semblable tableau, faut-il s'étonner si l'opinion des hommes les plus sensés flottait incertaine, et si leur conduite s'en ressentait? L'éloignement général pour la guerre se peignait sur tous les visages, et la crainte de se compromettre fut si générale et si marquée, qu'à peine un très-petit nombre de gens d'un mérite reconnu pût éviter d'être désigné comme suspect. Les passions une fois déchaînées, les assassinats furent érigés en actes du plus pur patriotisme. Les autorités furent destituées toutes ensemble, et le pouvoir suprême passa tout à coup aux mains d'hommes inexpérimentés, les uns parvenus à s'en saisir à la faveur du désordre et de la confusion, et les autres portés malgré eux à l'exercice de fonctions qui n'avaient pas le moindre rapport avec leurs connaissances et leur profession antérieure. Dans les délibérations, la liberté devint nulle ou très-précaire, attendu que les Juntes qui reconnaissaient tenir leurs pouvoirs du peuple souverain, n'osaient rien décider avant qu'il eût fait connaître sa volonté. Enfin si l'apparence de nos ressources, dont il n'est pas donné à tous d'apprécier la faiblesse, entretenait les uns dans le doute, et les autres dans la croyance qu'on pouvait sans témérité se préparer au combat; il n'est pas moins vrai que le désordre et l'anarchie, auxquels on ne pouvait fixer qu'un terme très-éloigné, faisaient évanouir toute espérance. Heureux ceux qui dans une conjoncture aussi délicate, n'étant point appelés à diriger le vaisseau de l'Etat, pouvaient dans la retraite et le silence attendre en paix la fin de l'orage, et se laisser conduire au port en abandonnant le gouvernail aux mains de ceux qui en étaient chargés! Mais qu'ils sont à plaindre ceux à qui leurs emplois font un devoir de diriger et de conseiller, et dont l'exemple et la conduite sont toujours censés le résultat d'un jugement basé sur des principes sûrs, et devant servir de règle aux autres!

C'était pour nous un devoir de considérer les choses sans partialité et de ne pas démentir le témoignage

témoignage de notre conscience. Quelle opinion devions-nous former sur les résultats probables d'une guerre ? Nous ne pouvions que nous dire à nous-mêmes : *Une population de 11 millions d'âmes, et une armée de 60,000 hommes, dût-on par de nouvelles levées la porter au quadruple, ne peuvent résister long-temps à une population de 40 millions d'âmes, et à une armée de 400,000 hommes, composée de troupes les plus aguerries de l'Europe et commandée par un seul chef accoutumé à voir la victoire suivre en tous lieux ses drapeaux.* Les événemens ont trompé notre croyance, mais qu'on nous dise si l'on pouvait alors, à moins d'une inspiration divine, prédire les résultats qui nous ont démentis ?

Nous nous rappelons que l'on comptait comme principal moyen l'enthousiasme vraiment grand qui s'était emparé de la nation ; mais on devait prévoir que la guerre d'Espagne serait un événement de la plus grande conséquence, et que ses succès dépendraient de l'attitude que prendraient à son égard les autres puissances du continent. Etait-on suffisamment fondé à croire qu'elles partageraient cet enthousiasme, et lui prêteraient leur secours avec la même ténacité ? Plusieurs en conçurent l'espoir ; mais sans vouloir diminuer le mérite de leur perspicacité et moins encore celui de leur constance, voyons quel était en résumé la situation des autres puissances de l'Europe, et examinons jusqu'à quel point cette confiance était fondée.

La Russie avait conclu, en 1807, le traité de Tilsitt ; voyant qu'elle s'efforçait inutilement d'affaiblir la prépondérance de la France sur le continent, elle resserra les nœuds qui l'unissaient à l'Empereur, en offrant de fermer ses ports aux Anglais, et se résignant au sacrifice de sa marine et de son commerce, menacés et presque ruinés par cette puissance. Elle adopta une marche décisive, et se disposa à entrer dans toutes les vues politiques de la France, comme elle fit plus tard à Erfurt. Depuis le traité sus-mentionné, l'alliance des deux empires se consolida de telle sorte, que, même avant la conférence d'Erfurt en octobre 1808, la Russie, indignée contre l'Angleterre pour son expédition sur Copenhague et la saisie de l'escadre danoise, avait cessé toute relation avec le cabinet de Saint-James, et déclaré à la Suède qu'elle eût à coopérer à fermer aux Anglais les ports de la Baltique. Que pouvait donc attendre l'Espagne de la Russie, lorsqu'elle voyait se concilier des intérêts si opposés, et un empire établi sur un territoire immense, dépourvu de manufactures, et fournissant abondamment les premières matières dont elles ont besoin, renoncer à ses rapports avec la seule ou la principale puissance qui pût l'aider à consommer ses produits ?

L'Autriche, affaiblie par une guerre sanglante et désastreuse, entourée d'Etats qui devaient leur existence à la France, et obligés, par leur position autant que par leurs intérêts, à lui prêter leurs secours; l'Autriche, sans finances, et ayant perdu la confiance publique qui seule peut les rétablir, observait religieusement le traité qu'elle avait signé à Presbourg, et ne pouvait le rompre sans s'exposer à une ruine totale.

La Prusse, sans armée, sans places fortes, sans argent, voyait, avec un chagrin concentré, la Russie s'emparer par la paix de Tilsitt d'une portion de son territoire, pendant que la France la dépouillait, en vertu du droit de conquête, d'une autre partie plus considérable de ses États, et ne lui laissait qu'une ombre de puissance, et la moitié de son ancienne population.

Le reste de l'Allemagne, la Hollande, l'Italie, le Danemarck et la Suisse, étaient ou occupés par les armées françaises, ou si bien liés au système de l'Empereur Napoléon, qu'ils ne se contentaient pas d'obéir à ses ordres, mais s'efforçaient encore de prévenir ses désirs.

La Suède s'était refusée à fermer la Baltique aux Anglais ; mais, menacée par la Russie, elle paraissait prête à céder, pourvu que les troupes françaises s'éloignassent de ses côtes.

Le Portugal, délaissé par ses Souverains, et plus encore par l'Angleterre, permit aux Français d'occuper ses places fortes, et même sa capitale, sans leur opposer la moindre résistance, et il est à remarquer que les premières troupes ennemies qui entrèrent dans Lisbonne ne s'élevaient pas à 5,000 hommes.

La France offrait alors tous les symptômes de la force et de la prospérité ; chaque année voyait s'accroître l'extension de son empire, et en même temps s'affermir l'opinion que les autres États paraissaient avoir de son pouvoir indestructible. Quelle était la puissance qui présumât alors que Napoléon détruirait son propre ouvrage? Alors même qu'il portait la guerre à plusieurs centaines de lieues de son empire, et qu'il en arrachait la population pour augmenter progressivement ses armées, aucune apparence de trouble n'en avait altéré la tranquillité. Au contraire, si l'enthousiasme de la nation ne l'eût secondé, comment aurait-il pu en inspirer à ses soldats? Dans son absence et dans celle des armées, la nation conservait l'attitude soumise et tranquille qu'elle aurait gardée en sa présence. Toujours à la tête des troupes, il avait fait de la guerre et de la profession des armes un but qui flattait tellement l'ambition d'une nation passionnée pour la gloire, que toutes les classes de l'État voulaient y prendre part. Toutes les réputations pâlirent devant la gloire militaire; et les palmes de la victoire, jointes aux attraits d'une carrière brillante et toujours ouverte à la valeur et aux talens, identifiaient les intérêts de l'armée à ceux de son Souverain.

Le tableau que nous venons de tracer de la politique de l'Europe à cette époque, loin d'être exagéré dans aucun de ses détails, ne donne qu'une faible idée du pouvoir relatif, de l'influence, de l'ascendant que la France avait pris. Écoutons sur ce point le témoignage de l'Angleterre. Son propre Souverain, à l'ouverture du parlement, au commencement de 1808, avoue que la puissance de la France après la paix de Tilsitt lui paraît d'autant plus à craindre, « qu'il
» ne doute pas que Napoléon n'ait le projet
» de former une confédération générale de
» tous les États du continent, pour obliger
» l'Angleterre à une paix honteuse et de peu
» de durée. » Il ajoute : « que pour prévenir
» ces dangers, l'Angleterre s'était emparée

» des escadres du Danemarck et du Portugal.»
» Il annonce : « que les ministres de l'Autri-
» che, de la Russie et de la Prusse, étaient
» sortis de Londres ; que la famille de Bra-
» gance allait recevoir en Amérique un ac-
» croissement de territoire en compensation du
» Portugal ; et enfin, que par la rupture du
» traité d'Amiens, l'Angleterre était parvenue
» à porter un nouveau coup à la France, en
» enlevant au commerce français, dans la perte
» et la destruction de Saint-Domingue, plus
» de 100 millions de francs. »

Dans ce discours, on voit clairement que le gouvernement anglais doutait qu'il fût possible de rendre le Portugal à la maison de Bragance, son alliée, et que sa conduite envers le Danemarck et le commerce de Saint-Domingue, étaient les mesures qu'elle se voyait forcée d'adopter dans sa situation désespérée. On n'en peut rien conclure, sinon que les représailles les plus violentes, et la ruine des propriétés particulières étaient les ressources qui lui restaient pour défendre sa propre existence, et qu'elle laissait les événemens éloignés, qu'elle était loin alors de pouvoir prédire, arbitres du sort de l'Europe et de la tranquillité des peuples.

C'est sur cette prépondérance de pouvoir et d'influence que la France s'était acquise, sur les dispositions amicales des autres puissances du continent à son égard, sur la gêne où se trouvait l'Angleterre d'après son propre aveu, et en résultat par l'état de l'Europe en 1808 et non en 1814, qu'il faut juger de ce que l'Espagne pouvait espérer en entrant en lice avec la France. Azanza et O-Farrill auraient cru compromettre l'indépendance de leur patrie et la conduire à sa perte, s'ils eussent coopéré à l'entraîner dans une lutte qui, pour les Etats les plus puissans, avait été infructueuse et même préjudiciable. Sur de semblables données, quel homme sage eût pris une autre détermination ? qui eût osé l'adopter avant d'avoir consulté l'opinion publique en Europe ? Et cette opinion pouvait-elle être plus prononcée, plus ostensiblement proclamée par tous les cabinets ? Avouons que l'injustice seule peut nous accuser de légèreté, de témérité, et faire le procès à une si grande majorité de la nation qui, dans les différentes époques de cette guerre, en vint peu à peu à reconnaître l'impossibilité de la réussite, et aima mieux accepter un Roi constitutionnel que de voir l'Espagne ensevelie sous ses ruines.

Il me semble qu'on ne peut rien répondre à cela, si ce n'est que les résultats, qui paraissaient alors invraisemblables, ont eu lieu ; que l'Empire français s'est dissipé comme une ombre, et qu'une seule année a vu disparaître cette immense prépondérance qu'il lui avait fallu dix ans pour acquérir. Mais cela change-t-il quelque chose aux données qui nous engagèrent à prendre un parti. De ce que ce pouvoir colossal n'existe plus, s'ensuit-il qu'il n'ait jamais existé, qu'il ait été possible de l'arrêter dans sa marche, ou de lui résister sans danger? Y a-t-il jamais eu d'empire, en est-il aujourd'hui qui ne puisse s'écrouler, si celui qui en tient les rênes s'obstine à lasser la fortune. Est-il quelqu'un qui craignît de reconnaître que Napoléon pouvait consolider son ouvrage et assurer la prépondérance de la France, s'il eût su s'arrêter à temps dans la carrière périlleuse de l'ambition? Et si un pouvoir comme celui de l'Empire français a pu être renversé, quel Etat pourra désormais offrir à ses auxiliaires une garantie assez sûre? En disant que le pouvoir de la France était irrésistible, nous ne prétendons pas exclure toute possibilité de le voir déchoir; mais nous rappelons que l'Angleterre, d'après l'aveu de son propre gouvernement, était, plus qu'elle, menacée de cette catastrophe.

Ce qui a été dit jusqu'ici suffirait pour justifier la conduite politique que nous adoptâmes dès l'origine de la révolution, et les hommes impartiaux rendront justice aux bases sur lesquelles elle était fondée : nous ne nous en sommes jamais écartés, et l'avons suivie avec la même bonne foi qui, en tous temps, a réglé nos démarches et nos intentions. L'expérience nous confirmait chaque jour dans l'opinion que nous avions portée, et les résultats venaient si fort à l'appui de la conviction qui nous faisait agir, que nous croyons devoir les retracer ici. Qui oserait nier que la suite de cette guerre a justifié pendant long-temps les craintes que nous dûmes former sur ses résultats ultérieurs ? Nous allons donc mettre sous les yeux de nos lecteurs le produit des tentatives qui furent faites depuis le commencement des hostilités, pour résister à l'ennemi ; nous laissons aux historiens le soin de tracer les détails que cet écrit ne comporte pas, mais nous parcourrons rapidement les faits qui conduisirent la nation au bord du précipice, où un miracle seul a pu l'empêcher de tomber.

Trois mois s'écoulèrent depuis la sortie de Madrid et la retraite sur l'Ebre, jusqu'à l'arrivée en Espagne, en octobre 1808, de l'Empereur suivi de nouvelles troupes qui lui permettaient de donner une impulsion générale aux opérations de son armée. Ce laps de temps fut employé par les Espagnols à la formation d'une Junte centrale de Gouvernement, à la levée de nouvelles troupes et à la fourniture de ce qui était nécessaire à l'armée pour entrer en campagne.

Le système adopté par les 34 membres qui composaient cette Junte, fut celui d'agir en qualité de représentans ou fondés de pouvoirs de chacune des Juntes provinciales dont ils avaient reçu les instructions et l'autorisation nécessaires pour venir à cette assemblée régler les intérêts généraux ; les Juntes particulières, sans se dessaisir de la souveraineté qu'elles disaient tenir immédiatement du peuple, transigèrent seulement sur leurs prétentions en créant dans la Junte centrale une espèce de gouvernement fédératif, dont aucun membre ne pouvait s'écarter des instructions de ses commettans, sous peine de se voir retirer les pouvoirs dont il était porteur. C'est ainsi que le défaut d'unité dans le commandement fut perpétué par le conflit d'intérêts opposés, et par les débats que l'on élevait pour conserver ou augmenter son influence : ce mal était sur-tout sensible dans les armées, et tout le temps que la Junte centrale conserva le Gouvernement, les généraux espagnols et anglais furent dans l'impossibilité de concerter la moindre des opérations d'une campagne qui devait décider du sort de la nation. Les résultats firent bientôt connaître combien s'était refroidi l'enthousiasme populaire, et combien peu la Junte travailla à conserver dans les armées la subordination et la discipline, à soutenir l'autorité des généraux en qui elle déposait sa confiance et ses pouvoirs, et à préparer des forces et des ressources proportionnées aux besoins du moment, en rapport avec ses moyens et avec les sommes dont elle pouvait disposer.

Azanza et O-Farrill ne croient pas devoir passer sous silence une démarche que l'amour de leur pays leur suggéra à Buytrago, lors de la retraite à Vittoria, et qui, si elle n'eut pas l'effet qu'on en attendait, servira au moins à prouver que, dans le parti qu'ils embrassaient, ils ne visaient qu'à tirer leur patrie de la triste situation où elle se trouvait. Frappés des malheurs qui la menaçaient, si l'Empereur réunissait ses forces pour la conquérir ou la démembrer, ils présentèrent, d'accord avec les autres ministres, un Mémoire dans lequel ils exposaient que, pour l'intérêt de l'Espagne, il fallait établir en principe que son alliance avec la France n'emportait pas avec elle sa coopération aux plans plus vastes que l'Empereur pouvait avoir formés; que l'Espagne ne devait pas entrer dans ses débats avec les autres puissances, et qu'il convenait au contraire que l'on fût autorisé à annoncer à la nation que, quoique gouvernée par un frère de l'Empereur, en vertu des traités de Bayonne, elle restait maîtresse de faire séparément sa paix avec l'Angleterre, en suivant le même système de neutralité qu'elle avait observé jusqu'alors; nous représentâmes que cette déclaration calmerait les inquiétudes sur le sort de nos possessions en Amérique, et nous osâmes même rappeler l'extraction du numéraire que la France avait reçu de l'Espagne depuis quinze ans, en faisant valoir, comme un moyen de se concilier des cœurs déjà ulcérés par la misère et le désespoir, le payement, offert si souvent, des frais causés par l'armée française. Une semblable remontrance ne saurait appartenir à des hommes vendus à un gouvernement étranger, mais bien à de vrais Espagnols, qui jamais ne laissent échapper l'ocasion de prouver qu'ils méritent de porter ce nom.

Cet écrit (*a*) parut digne d'être présenté à l'Empereur. Les ministres Azanza et Urquijo se rendirent à Paris pour appuyer et développer les différens points dont il était fait mention; mais la politique de Napoléon n'admettait pas plus de conseils que son ambition ne souffrait de limites. Les autres ministres, O-Farrill,

---

(*a*) Daté de Buytrago, le 2 août 1808.

Mazarredo et Cabarrus, toujours animés du désir de rallier la nation et de la délivrer des malheurs dont ils la voyaient menacée, essayèrent de faire connaître leur opinion à D. Francisco Xavier Castaños, D. Francisco de Saavedra, et D. Pedro Cevallos: entre autres choses, ils mandèrent au premier (*a*) qu'il était impossible de méconnaître la résolution invariable prise par l'Empereur, de déclarer la guerre à l'Espagne, et d'y déployer des forces trop considérables et trop bien combinées pour que l'on pût douter du succès; qu'en supposant que la résistance fût obstinée et même insurmontable, telle en un mot qu'on pouvait l'espérer de la part d'une nation qui compte dans son sein des milliers de braves, le résultat le moins douloureux de cette opiniâtreté serait la perte des provinces au nord de l'Ebre, et la soumission des autres à un Prince qui ne pourrait de long-temps guérir les plaies que leur ferait cette lutte, et serait dépourvu des moyens de soutenir la première guerre qui lui serait déclarée. Et enfin, lui disaient-ils, si l'héroïsme de la génération actuelle ne peut assurer le bonheur des générations futures, doit-on s'obstiner à prendre un tel parti, lors-

---

(*a*) D'Aranda de Duero, le 6 août 1808.

que l'honneur permet encore d'en choisir un autre. Dans la lettre à D. Francisco Saavedra (*a*), après un détail des forces que Napoléon faisait entrer en Espagne, on annonçait, comme conséquences forcées de cette invasion, la ruine des personnes sur qui la confiscation pouvait retomber, l'établissement des contributions les plus pesantes sur tous, la désolation de tout le royaume, l'inversion hors du territoire espagnol des revenus les plus productifs, la dépendance totale de notre Gouvernement de celui de la France, la reconnaissance du nouveau Roi exclusivement réservée à des étrangers, les premiers emplois de la monarchie passant entre leurs mains, enfin tous les inconvéniens d'une conquête; les abus et les désordres qui signalent tout le temps de sa durée, et qui lui survivent infailliblement. On s'exprimait de même avec M. de Cevallos (*b*), et on concluait, en lui disant que si l'énergie de la nation amenait d'autres résultats, il ne s'en suivrait pas moins que les provinces où la guerre aurait lieu seraient dévastées, que la rive gauche de l'Ebre serait incorporée à la France, et que l'on se préparait

---

(*a*) De Vittoria, le 8 septembre 1808.
(*b*) Même date.

des malheurs irréparables, sans espoir d'obtenir de long-temps une indépendance qui coûterait si cher. Toutes ces communications prouvent avec quelle franchise et sincérité nous nous adressions aux personnes les plus accréditées auprès de la nation par leur autorité et leurs vertus patriotiques ; à celles qui, connaissant d'ancienne date notre caractère et notre manière de penser, ne pouvaient voir dans notre conduite que l'intention d'éviter à notre patrie les maux que devait verser sur elle la guerre où elle allait se lancer.

Jamais l'Empereur ne s'était vu favorisé par la fortune comme à l'époque de novembre 1808, où il entra en Espagne à la tête de l'élite de ses troupes. Un mois auparavant, avait eu lieu la conférence d'Erfurt, où la Russie donna son entière adhésion au système politique de la France, et forma avec elle une ligue formidable dont les autres puissances belligérantes n'auraient jamais pu balancer le pouvoir. En conséquence de cette même entrevue, la Russie déclara la guerre à la Suède, dans l'unique but de l'obliger à adopter le système continental de Napoléon. Les deux Empereurs étaient si persuadés qu'aucune puissance ne pouvait lutter sur le continent contre leurs forces réunies, qu'ils ne balancèrent pas à l'annoncer au Roi

d'Angleterre (*a*). D'après cela, ils invitèrent le gouvernement anglais à se prêter aux négociations d'une paix honorable, et à envoyer ses plénipotentiaires pour la traiter. L'Angleterre répondit qu'elle ne pouvait se dispenser de se concerter avec ses alliés l'Espagne et la Suède, dont les représentans devraient être admis au congrès. Personne ne s'étonnera que Napoléon se refusât à admettre ceux du gouvernement espagnol ; mais il est bien digne de remarque que l'Empereur Alexandre fut si décidé à coopérer à tous les plans de son nouvel allié, qu'il fit passer la note suivante par son ministre le Comte de Romanzoff au gouvernement anglais, le 28 octobre 1808. « ...... L'ad-
» mission des Rois alliés de l'Angleterre au
» congrès ne peut être l'objet d'aucune diffi-
» culté....... mais ce principe ne s'étend pas du
» tout à ce qu'il faille y admettre les plénipo-
» tentiaires des insurgés espagnols. L'Empe-
» reur de Russie ne le peut pas...... Il a déjà
» reconnu le Roi Joseph Napoléon, il a an-
» noncé à S. M. B. qu'il était uni avec l'Empe-
» reur des Français pour la paix comme pour
» la guerre ; et S. M. I. le répète ici, elle est

(*a*) Voyez la note 30.

» résolue

» résolue à ne pas séparer ses intérêts de ceux
» de ce monarque......(a) »

Le monde a dû applaudir l'Empereur Alexandre, lorsque, abandonnant ce système, il a reconnu que sa valeur magnanime pouvait s'employer plus glorieusement à briser les chaînes sous le poids desquelles l'Europe gémissait alors, et qu'il pouvait acquérir des droits éternels à la reconnaissance des hommes, en rendant la paix et la liberté au continent. L'Espagne n'oubliera jamais qu'elle lui est redevable de l'heureux succès de ses efforts et de ses sacrifices, et qu'elle lui doit en partie le retour de son légitime Souverain. Azanza et O-Farrill offrent de grand cœur ce même tribut de louanges et de reconnaissance au libérateur et au pacificateur de l'Europe, d'autant mieux qu'ils n'ont jamais eu et n'ont encore aujourd'hui d'autre intérêt que celui de leur patrie. Nous ne nous sommes permis de rappeler le système politique que la Russie avait embrassé en 1808, que pour prouver que, lorsque nous opinions que l'Espagne devait infailliblement se briser contre les forces de l'Empire français, notre sentiment était partagé par toute l'Europe

---

(a) *Annual Register* de 1808, et Moniteur du 15 septembre 1810.

et même par les Souverains qui avaient le plus d'intérêt à ne pas se tromper sur ces événemens.

Et si l'on ajoute à ces considérations le désordre qui s'étendit dans tout le royaume, le défaut d'union entre les généraux, la mésintelligence qui régnait entre eux et le Gouvernement central, la lenteur et la méfiance que les Anglais mettaient dans leurs opérations ; quelles conséquences ne devait-on pas attendre de tant de causes, toutes tendantes à la non-réussite de ce qu'on pourrait entreprendre ? Les événemens ne tardèrent pas à justifier ces craintes.

Les troupes de renfort que Napoléon conduisit en Espagne étaient réunies sur les frontières aux premiers jours de septembre. Il se mit alors en marche ; trois semaines lui suffirent pour battre et disperser les armées de Galice, des Asturies, de Castille, d'Aragon et de Valence, pour s'ouvrir un passage par les montagnes de Guadarrama, entrer à Madrid et occuper les rives du Tage. La route de Cadix lui était ouverte, et ne présentait aucun obstacle qui pût l'arrêter, s'il n'était retenu par la marche des Anglais qui s'avançaient du côté de la Galice et du Portugal, et plus encore par les soupçons qu'il formait déjà sur les projets hostiles de l'Autriche (a).

(a) Voyez la note 31.

Il est impossible de donner une idée exacte de la sensation que ces succès produisirent dans la nation à ceux qui n'en furent pas témoins ; mais il serait inutile d'en fournir des preuves à ceux qui étaient en Espagne à cette époque. La dispersion du Gouvernement central et sa fuite précipitée d'Aranjuez à Séville répandirent dans tout le royaume la consternation et le découragement, d'autant plus qu'on avait fait entendre que toutes les mesures étaient prises d'accord avec les Anglais pour empêcher l'ennemi de passer l'Ebre, et l'obliger même à abandonner cette position. Les proclamations de la Junte centrale tranquillisaient les habitans de Madrid sur le sort de cette capitale, le jour même où les Français forçaient le passage de Somosierra ; de même qu'après la prise de Madrid on fit un mystère de cet événement à toute la nation, et même à plusieurs corps d'armée (*a*). Le général anglais Sir John Moore s'en plaignit hautement, parce qu'en lui assurant le contraire, on l'avait exposé à compromettre son armée par une marche sur Madrid, lorsqu'il n'était déjà plus temps, et lorsqu'il n'en avait pas à perdre pour sauver ses troupes et se rembarquer à la Corogne. Depuis lors,

---

(*a*) Voyez la note 32.

il marquait à son gouvernement, en l'informant du danger qu'il avait couru : « Tout cela
» est nécessaire pour convaincre le peuple an-
» glais et le reste de l'Europe, que les Espa-
» gnols n'ont ni le pouvoir ni la volonté de
» faire de grands efforts pour soutenir leur
» propre cause (*a*). »

L'impétuosité avec laquelle l'armée française se répandit en divers sens, et s'empara de toutes les positions importantes depuis l'Ebre jusqu'au Tage, non seulement coupa toute communication entre les armées nationales, mais encore versa sur elles l'esprit d'abattement, d'indiscipline et d'insurrection qui seul aurait suffi pour inutiliser le zèle et l'habileté de quelque chef que ce fût (*b*). Plusieurs généraux étaient à la tête des troupes espagnoles qui s'élevaient en tout à 130 ou 140 mille hommes : l'un d'eux, dans son rapport à la Junte centrale, exaltait l'importance de ces événemens en désignant les conséquences qu'ils entraîneraient après eux, et déclarait au Gouvernement qu'il ne pouvait plus compter sur la troupe qui était sous ses ordres ; un autre se vit obligé d'abandonner son armée avant même que le successeur qu'on

---

(*a*) *Annual Register* de 1808.
(*b*) Voyez la note 33.

lui avait donné fût arrivé et eût pris le commandement ; le troisième se retira avec ses troupes et se borna à défendre la province qu'il gouvernait ; le quatrième fut mis en déroute avant de connaître la supériorité des forces ennemies qui venaient l'attaquer ; tous, excepté le troisième, furent destitués ; enfin le cinquième, qui voulut défendre le passage de Somosierra, fut assassiné par ses soldats après sa défaite.

Les lettres interceptées par les troupes françaises dans leurs différentes opérations s'accordaient toutes à peindre, avec les couleurs les plus vives, l'incertitude des chefs et même des officiers subalternes ; la méfiance qui régnait entre les divers corps d'armée ; le peu d'accord dans leurs mouvemens ; leurs plaintes contre le gouvernement de la Junte, et les prétendues découvertes de trahison et de traîtres si communes dans cette révolution. Si les Espagnols dévoilaient ainsi ce qu'ils pensaient dans leurs lettres particulières, les Anglais, de leur côté, ne s'expliquaient pas moins clairement dans leurs dépêches officielles. Il nous importe d'en donner une légère idée.

Un gouvernement qui fait la guerre par ses propres moyens a l'avantage de cacher à ses administrés tout ce qui pourrait leur faire connaître le danger où ils se trouvent, et les mettre à même de peser la confiance qu'ils doivent à ceux qui les conduisent ; mais lorsque la guerre se fait de concert avec un allié, tôt ou tard les secrets sont mis au jour, et le public est dans le cas d'apprécier la capacité des gouvernans. A peine l'Espagne avait-elle confié l'autorité aux Juntes provinciales qu'il fallut changer le Gouvernement et le confier à la Junte centrale, composée de trente-quatre membres. Les Anglais pourront nous dire si l'on devait ou non attendre le salut de la nation d'une pareille institution : nous ne pouvons nous dispenser de citer ici quelques-unes de leurs assertions, pour prouver les tristes présages qu'ils conçurent à l'aspect que présentait la révolution.

Le Lord Bentinck, ambassadeur d'Angleterre près de la Junte centrale, écrivait à sa cour au commencement d'octobre 1808 : « Je » suis tous les jours plus convaincu qu'une con- » fiance aveugle dans leurs forces et une mol- » lesse innée sont les écueils contre lesquels le » vaisseau risque de se briser (*a*). »

―――

(*a*) Cette lettre, ainsi que celles que nous insérons dans les articles suivans, furent publiées par le frère du général Moore dans le journal anglais cité à la

Le général Moore écrivait de Salamanque, le 19 novembre, à M. Frère, successeur de Lord Bentinck à l'ambassade de Madrid. « J'ai
» reçu avant-hier de Lord Castlereagh une
» lettre du 2 de ce mois, par laquelle il m'an-
» nonce qu'on a envoyé deux millions de dol-
» lars à la Corogne; mais il ajoute que la dif-
» ficulté de se procurer de l'argent est mainte-
» nant si grande en Angleterre, que je ne dois
» pas compter sur un nouvel envoi d'ici à quel-
» ques mois : il me représente en même temps
» la nécessité de me procurer moi-même de
» l'argent en Espagne. L'imbécillité du Gou-
» vernement espagnol surpasse toute idée : à
» quoi sert la bonne volonté des habitans,
» puisqu'il n'existe personne qui ait le talent de
» l'employer? Jusqu'à présent je ne suis en
» communication avec aucune armée espa-
» gnole. Castaños, avec qui on m'avait fait
» correspondre, vient d'être déposé. La Ro-
» mana est absent, Dieu sait où il est ; et dans
» de telles circonstances les Français ne sont
» plus éloignés de moi que de quatre jours de
» marche. Si les choses continuent à aller ainsi,

---

note 32. On les trouve aussi dans le *Annual Register* de 1808, et dans le Moniteur du 15 janvier 1810.

» la ruine de l'Espagne est inévitable, et je ne
» dois songer qu'au salut de l'armée anglaise.»

Dans une autre lettre datée de Salamanque, le 24 novembre, le même général écrit au Lord Castlereagh, ministre de la Guerre. « Si j'avais
» connu plutôt la faiblesse de l'armée espagnole,
» l'apathie du peuple et l'imbécille égoïsme de
» son Gouvernement, je ne me serais pas à
» coup sûr empressé de m'avancer en Espagne.
» En un mot, je ne vois ici ni armée ni géné-
» raux, ni gouvernement. Je ne puis être chargé
» d'aucune responsabilité, aussi ne veux-je
» rendre responsable personne. Il faut s'atten-
» dre à des malheurs. Je n'ai pas un schelling
» pour subvenir à l'entretien de l'armée. Le
» général Baird a gardé pour lui seul cinq
» cent mille dollars qui avaient été envoyés.
» Tout ce que je puis répondre à la question
» que vous me faites relativement à la défense
» du Portugal, c'est que ses frontières ne sau-
» raient être défendues contre des forces su-
» périeures. Les Français étant victorieux en
» Espagne, on tenterait en vain de leur résis-
» ter en Portugal : on ne peut pas compter
» sur la résistance des Portugais. Dans ce cas,
» il faut que les Anglais prennent prompte-
» ment des mesures pour évacuer le Portugal. »

Enfin le même général Moore, avant son départ de Salamanque, écrivait à un de ses frères le 26 novembre : « Je suis dans la plus fâcheuse situation, Dieu sait comment je m'en tirerai. J'ai trouvé les choses bien différentes de ce que l'on pense en Angleterre. Jalouses des généraux, les Juntes espagnoles ne leur ont point donné de pouvoir, ou ont empêché qu'ils n'agissent de concert. Pendant que les Français étaient faibles, on n'a rien fait pour les combattre avant qu'ils eussent reçu des renforts. Castaños et Palafox ont environ 40,000 hommes, composés pour la plus grande partie de paysans indisciplinés : voilà tout ce que l'on a à opposer à 100,000 hommes de troupes françaises. Les provinces ne sont pas sous les armes, et quant à l'enthousiasme, je n'en ai pas trouvé de traces. Les Espagnols seront chassés de Madrid, c'est inévitable : ils manquent de forces pour s'y maintenir. »

Ces témoignages n'ont pas besoin de commentaires, et il eût fallu fermer les yeux à la lumière pour tirer d'autres conséquences de l'état qu'offrait alors la nation. Tout homme impartial qui, à cette époque, eût parcouru l'Espagne en aurait jugé comme les Anglais. Azanza et O-Farrill, convaincus que l'État marchait à sa ruine, voyaient avec douleur arriver le moment où leurs présages allaient se réaliser. Ils prévoyaient que, dès que l'Empereur faisait la guerre en Espagne comme en pays ennemi, toutes les calamités allaient retomber sur les Espagnols, sur-tout dans cette campagne où il y avait tout à craindre des ressentimens particuliers de Napoléon qui y commandait en personne. Nous tremblions principalement pour Madrid. A notre arrivée à Burgos, nous vîmes détruire les armées de Castille, de Galice, des Asturies et d'Estramadure; et nous prévoyions que celles d'Andalousie, d'Aragon et de Valence allaient avoir le même sort. Nous fûmes témoins des ravages causés à la ville de Burgos à la suite de l'affaire qui se termina dans son enceinte; et convaincus que l'armée française ne pouvait rencontrer d'obstacles qui l'empêchassent d'entrer à Madrid, nous nous réunîmes à nos collègues pour chercher les moyens d'épargner aux habitans de la capitale les conséquences funestes d'une résistance inutile, ou d'une défense mal combinée, qui ne serviraient qu'à irriter davantage le vainqueur. En supposant que la Junte se refusât à reconnaître, dans l'écrit que nous lui adressâmes à cet effet, la généreuse intention de rendre service à la population de

Madrid, elle ne pouvait y apercevoir que l'expression des sentimens que l'humanité peut suggérer en semblable occasion : sans égard pour les motifs qui l'avaient dicté, la Junte le fit brûler ignominieusement, et publia contre nous et nos collègues un décret de proscription. La partie saine de la nation désapprouva comme impolitique la conduite de la Junte, qui cependant ne laissa pas d'en agir de même par la suite à l'égard de plusieurs autres individus ; et en effet, elle était bien inconvenante. La guerre d'Espagne, quel que fût son résultat, devait se terminer par une réconciliation mutuelle. Les proscriptions ne servent qu'à étouffer tous les sentimens fraternels, et à envenimer une lutte qui ne fait déjà que trop de victimes. En dépit des efforts de la Junte, la vue du danger obligea le peuple de Madrid et les autorités à embrasser le même parti que nous avions présenté dans notre écrit comme le seul raisonnable ; et lorsque l'Empereur eut porté son armée aux portes de la capitale, lorsqu'il fut permis de toucher au doigt les effets probables de sa vengeance ; la prudence de quelques chefs, la soumission des habitans et l'intervention du Roi Joseph désarmèrent le vainqueur, sauvèrent Madrid, et lui épargnèrent le pillage dont il était menacé.

On a déjà vu quelle fut pour les armées nationales l'issue de la première campagne, terminons-en le récit par quelques mots sur le sort des Anglais qui vinrent leur porter du secours. D'abord on doit savoir que dans le courant de novembre 1808 qui vit se terminer des opérations aussi décisives que la défaite et la dispersion de toutes les armées espagnoles, et l'introduction des Français jusqu'au centre du royaume, les troupes impériales ne rencontrèrent pas un seul soldat anglais. L'armée anglaise avait achevé la campagne de Portugal le 30 août. Sir John Moore, qui venait d'arriver à Lisbonne pour en prendre le commandement, sortit de cette ville le 27 octobre pour entrer en Espagne. Il comptait sur les renforts qu'on lui envoyait d'Angleterre à la Corogne, aux ordres du général Baird qui entra dans le port le 17 octobre, mais ne put se réunir à lui que vers le milieu de décembre. La Junte de Galice, après s'être opposée pendant plusieurs jours à ce que les Anglais missent pied à terre, les reçut enfin, mais avec froideur, et fut jusqu'à leur refuser les moyens de transport. On a reproché au général Moore de n'avoir fait aucun mouvement pour empêcher la prise de Madrid (*a*); mais soit qu'il ne voulût pas courir

---

(*a*) Voyez la note 34.

seul les risques de cette opération, ne recevant pas le renfort d'un seul détachement espagnol, comme il s'y attendait ; soit que les nouvelles mensongères qu'il reçut lui fissent entendre qu'il ne devait pas se presser, il est certain qu'il ne passa pas Salamanque, et que sa conduite parut incertaine, jusqu'à ce qu'il se vît menacé de ne pouvoir se rembarquer. Sa retraite une fois résolue, il se vit poursuivi avec tant de précipitation par les Français, qu'il ne put pas même défendre les premiers défilés de la Galice. Aux fatigues de la marche dans la rigueur de l'hiver, se joignirent le manque de vivres et la fuite des habitans qui, épouvantés des désordres que commettaient les troupes anglaises, abandonnaient leurs maisons, emportant avec eux tout ce qu'ils possédaient. Au Ferrol on leur ferma les portes, et le jour suivant 12 janvier, ils arrivèrent à la Corogne où ils prirent position pour y attendre les bâtimens qui n'arrivèrent que le 14. Le 16 se donna la bataille où périrent le général Moore et plusieurs officiers de haut grade, et, sans cet exemple de valeur qui soutint le courage des soldats, cette armée était détruite. Elle n'en perdit pas moins toutes ses munitions, une partie de son artillerie, et elle se vit forcée, avant de partir, de tuer 4 à

5,000 chevaux, plutôt que de les laisser au pouvoir de l'ennemi (*a*).

Tel fut le résultat de la campagne de 1808, expédition rapide et à laquelle ne prit aucune part la plus grande partie des troupes que les Français avaient portées en Espagne. Quelle que fût la direction qu'ils adoptassent pour la suite de leurs opérations, ils étaient certains de ne pas rencontrer un corps d'armée ennemi de plus de 15 mille hommes, encore sans artillerie, sans magasins, et il n'était pas resté deux mille Anglais dans toute la péninsule. Par le récit que nous venons de faire, nous sommes bien loin de vouloir établir que les efforts patriotiques de nos compatriotes ne remplissent pas la juste idée qu'on doit avoir de leur loyauté et de leur courage, nous voulons seulement prouver que ces qualités éminentes et soutenues ne pouvaient suffire à repousser les forces qui envahissaient leur pays.

Lorsqu'au commencement de 1809, on discuta au parlement d'Angleterre sur les opérations de cette campagne, on annonçait hautement que l'Espagne n'avait pas voulu défendre

---

(*a*) Suivant le rapport du frère du général Moore, cité dans la note 32.

contre la France sa liberté et son indépendance, et que la généralité des Espagnols rédoutait l'appui de l'Angleterre. On en vint même à dire qu'il ne restait plus en Europe de puissance qui pût s'allier à l'Angleterre, après tant d'hésitation dans ses plans, tant de bévues dans sa conduite, et l'abandon où elle avait laissé la péninsule et la Suède, sans avoir rien fait pour conserver la Finlande à celle-ci, et pour empêcher les Français de s'emparer de la première.

D'après cela, quel est l'homme impartial, calculant les événemens futurs d'après les données que peut avoir la prudence humaine, qui osera soutenir que la résistance de l'Espagne était sage, convenable et capable de la sauver du danger d'être gouvernée conformément au système de la France? Pouvait-on croire alors qu'il fût possible de reconquérir la personne de notre Souverain; que le résultat de cette lutte démentirait les leçons de l'expérience, et qu'on ne serait pas contraint, par une guerre de destruction, après la ruine des villes et la dépopulation de l'Espagne, à chercher la paix et le repos dans l'admission d'un Roi constitutionnel qui, garantissant à la nation son indépendance et l'intégrité de ses provinces, verserait un baume salutaire sur les plaies que lui avaient faites tant de maux conjurés contre elle.

Il fallait que l'on fût bien généralement convaincu de cette vérité, pour qu'une députation nombreuse de toutes les corporations de Madrid vînt supplier l'Empereur de permettre que la capitale, les villes voisines et successivement toute l'Espagne pussent s'honorer de la présence de son frère le Roi Joseph, et jouir de la tranquillité et des autres avantages que l'on attendait de son gouvernement; pour que tous les habitans de Madrid prêtassent, dans les églises paroissiales, et en présence du Saint-Sacrement, leur serment de fidélité; pour qu'un grand nombre d'employés de tout genre s'offrissent volontairement à le prononcer, et pour qu'enfin d'autres députés de la même ville, des Conseils-d'état, des Indes, des finances, de la guerre, de la marine, de la salle des Alcaldes, de la Junte du commerce, du clergé, de la noblesse, se rendissent à Valladolid où se trouvait alors Napoléon, pour lui réitérer cette prière, et lui demander que son frère se hâtât de venir à Madrid se faire reconnaître et recevoir leurs sermens (*a*).

A son retour à Paris, l'Empereur reçut les félicitations et les hommages les plus flatteurs de tous les corps qui représentaient la nation,

---

(*a*) On peut voir les discours prononcés par toutes ces députations, dans le Moniteur du 25 janvier 1809.

et des autorités supérieures qui parfois lui montraient l'exemple qu'elle devait suivre, et parfois aussi le recevaient d'elle, et y ajoutaient toutes les démonstrations publiques qui attestent l'adhésion. La situation de l'Empire français à cette époque donne lieu à une observation que nous adressons expressément à ceux qui aujourd'hui osent avancer que la nation ne prenait aucun intérêt, ou coopérait avec répugnance aux projets que formait son chef pour l'extension de son territoire et de sa domination. On affecte, en parlant ainsi, un oubli peu sincère de ce qui se passait alors, et on représente les Français comme un peuple stupide et indolent dont l'opinion doit être comptée pour rien, et qui pendant plusieurs années a suivi machinalement la direction qu'on a voulu lui donner. Par cette hypothèse insultante pour une nation jalouse de sa réputation, non seulement on ne parvient pas à la disculper des erreurs qu'elle a commises, mais encore on infirme les témoignages par lesquels elle prouve aujourd'hui qu'elle les a reconnues. A l'époque dont nous parlons, tout se réunissait pour prouver que l'enthousiasme de la nation avait entouré son chef d'un éclat qui éblouissait l'Europe entière. L'idée que l'on s'était formée de la stabilité du gouvernement intérieur était le principal mobile qui lui attirait l'amitié, la confiance et même le respect des plus puissants États. La France chez qui l'amour de la gloire est porté au délire, annonçait jusqu'aux pays les plus reculés ses avantages extérieurs, sa prospérité intérieure, et se croyait en droit de se nommer la première nation de l'Europe. Napoléon était parvenu à cimenter son pouvoir avec l'opinion nationale. Bien loin de se montrer indifférente à la gloire qu'elle acquérait par les triomphes de son Empereur, la nation lui prodiguait tous les moyens d'en augmenter et le nombre et l'éclat. Elle-même a assuré que toutes les forces de l'Empire pouvaient s'employer hors de ses frontières, attendu qu'elles étaient inutiles au maintien de sa tranquillité. On citait avec admiration les pays réunis à la France, dont la soumission non encore éprouvée par le temps paraissait plus susceptible d'être troublée, et qui, dans l'absence de la force armée, conservaient leur attitude paisible. Le Piémont, la Toscane et Gênes ne renfermaient pas 1500 hommes lorsque Napoléon était à Vienne; et Paris n'avait pas plus de 1200 hommes de garnison (*a*). Au milieu de tout cela, la conscription, ce tribut aussi accablant en France que la

---

(*a*) Moniteur du 16 septembre 1810.

levée instantanée d'armées considérables l'est dans tout pays, s'exécutait avec la même exactitude que l'on mettait à solder les autres contributions. On ne voyait que des magistrats civils chargés de présider à ces opérations, ou d'y intervenir. Rien en France n'exigeait l'appareil de la force, l'esprit public était mû dans le même sens que la politique du Gouvernement, et lui servait de base et d'appui. Les conquêtes purement militaires eussent été stériles et précaires, si le chef de la France, secondé par l'opinion nationale, ne s'en fût servi pour s'attacher celle des peuples et des Souverains. Tout ce qu'une nation peut employer pour fomenter, propager et corroborer cette opinion était mis en usage. Les chefs-d'œuvre imposans de l'architecture, le pinceau, le burin, la lyre, tous les talens dont s'honore la France, avaient élevé autour du trône de son idole un mur d'opinion que l'ambition excessive de celui-là même pour qui il avait été construit pouvait seule détruire. *Tout en un mot était opinion* en France depuis la classe la plus humble de l'État jusqu'aux plus élevées. C'est pour cela que, soumise à la famille de ses anciens Souverains et rendue à la paix et à la tranquillité qu'elle a obtenues sous leurs auspices, elle s'honore elle-même par son indulgence à l'égard des autres peuples qu'elle enchaîna à son système autant par son exemple que par le pouvoir irrésistible de ses armes.

Pour revenir à la guerre d'Espagne, nous ne refuserons pas à la France la justice que nous lui devons, de croire qu'une partie de la nation désapprouva la conduite de son Empereur à Bayonne, et les moyens dont il se servit pour obtenir de nos Souverains leur renonciation à la couronne. Mais nonobstant cela, se présenta-t-il une seule puissance pour soutenir la cause de nos Rois ? Les troupes françaises en ont-elles moins inondé la péninsule ? La France en parut-elle moins coopérer à la guerre d'Espagne ? Qu'importe que la première cause de la guerre et la guerre elle-même fussent censurées ou approuvées par les Français ? nous n'en étions pas moins obligés de céder; le résultat est toujours le même pour celui qui est réduit à calculer s'il peut ou non résister.

A l'égard de l'opinion qu'une nation a de son gouvernement et de la déférence qu'elle lui témoigne, l'étranger n'en est informé que par les documens publics; et dans ces sortes de choses la flatterie produit le même effet que la vérité. On pourrait même dire qu'elle en produit davantage, parce qu'elle fait connaître jusqu'à quel point le Souverain maîtrise l'opinion, et la nullité d'opposition qu'il éprouve de la part de la nation, lorsqu'il dispose de toutes ses ressources; puisqu'elle prévient ses désirs et les devance par son adhésion et par ses offres (*a*).

La situation de l'Espagne, loin de s'améliorer en 1809 par la puissante diversion de la guerre avec l'Autriche, devint de plus en plus déplorable, non seulement par la perte de ses derniers corps d'armée détruits à Uclès et à Medellin, par la capitulation de Saragosse après une défense d'éternelle mémoire; mais encore par l'accroissement du désordre dans le gouvernement intérieur. La Junte centrale perdant chaque jour de son crédit, et de la confiance que la nation avait en elle, se vit plus d'une fois désobéie et même menacée par les Juntes de province; et sur-tout par celle de Valence, au point qu'on craignait une guerre civile. Les manifestes publiés alors firent trop bien prévoir la chute prochaine de ce gouvernement, lors même qu'un événement imprévu ne fût venu le renverser. On lui objectait qu'elle n'avait été créée que pour procéder à la convocation des Cortès, et pourvoir en attendant à la défense du royaume: on lui reprochait d'avoir

---

(*a*) Voyez la note 35.

négligé le but de son institution, et de ne s'être occupée qu'à conserver à perpétuité l'exercice d'une souveraineté que la nation ne lui avait pas définitivement confiée. Dans les armées, on parlait de déposer la Junte centrale, et d'en venir aux mains avec ceux qui prendraient sa défense (*a*). D'autre part, le peuple qui de jour en jour se ressentait davantage des sacrifices qu'on exigeait de lui, sans en retirer aucun fruit, et qui voyait s'évanouir l'espoir de conserver sa liberté, fermait l'oreille aux proclamations de la Junte, et même aux menaces des autorités militaires. De l'enthousiasme le plus prononcé, la nation tomba dans le plus complet abattement, et les troupes nationales, comme les alliées, souffrirent les privations les plus cruelles, comme si elles eussent opéré en pays ennemi (*b*).

Les malheurs de l'Espagne ne pouvaient qu'augmenter par la présence de tant d'armées étrangères. Dans une guerre de cette nature, on a autant à souffrir de la part de ceux qui s'opposent à la conquête, que de ceux qui travaillent à l'assurer. Les victoires des Français

---

(*a*) Voyez la note 36.
(*b*) Voyez la note 37.

coûtaient trop cher au peuple, pour qu'elles pussent leur attirer son affection. Quelques-uns de leurs corps opéraient alors isolément, suivant le plan de campagne que l'Empereur leur avait laissé en quittant l'Espagne, et ne pouvaient concerter entre eux des entreprises militaires avec cet accord qui les rend décisives. Quoique Napoléon n'eût retiré, pour la guerre contre l'Autriche, que les régimens de sa garde, les corps qu'il laissa en Espagne restèrent affectés à des opérations d'une trop grande étendue. Il en résulta qu'il fallut renoncer à occuper la Galice, que la conservation d'Oporto faillit compromettre le 6.ᵉ corps d'armée, et que lorsque celui-ci put se réunir au 2.ᵉ et au 5.ᵉ sur Salamanque, pour se diriger delà sur Plasencia en Estremadure, une armée anglaise et une espagnole avaient pris position à Talavera de la Reyna, où le Roi Joseph les attaqua avec le premier et le 4.ᵉ corps et la réserve de sa garde, le 28 juillet 1809. Les suites de cette bataille, aussi sanglante qu'indécise, ne furent pas aussi avantageuses qu'elles paraissaient devoir l'être pour les armées combinées, à cause de la marche des Français qui se portaient sur Plasencia, et menaçaient de leur couper la communication avec le Portugal. Peu après, l'armée espagnole de la Manche, destinée à couvrir l'Andalousie, fut défaite à Almonacid.

Pendant ce temps-là, l'Empereur Napoléon courait à de nouveaux triomphes en Allemagne, et terrassait en deux mois la cinquième coalition. Le 13 mai 1809, il était encore à Paris, et le 19 il donnait la première bataille contre les Autrichiens sur les bords de l'Inn. Le 12 juin, il était déjà maître de Vienne. L'Autriche, malgré qu'elle eût armé 5 ou 600 mille hommes, y compris 150 bataillons de *landwehr* et les levées de Hongrie, se vit obligée par la bataille de Wagram à demander un armistice en juillet, et à signer sa paix en octobre. Par ce traité de Vienne, l'Autriche s'obligea à rompre toute relation politique et commerciale avec l'Angleterre; les articles 2 et 13 étendaient cette paix aux Rois d'Espagne et de Hollande, et l'Empereur d'Autriche reconnaissait tous les changemens *faits et à faire* en Espagne, en Portugal et en Italie. Le complément de cette négociation fut la décision du mariage de Napoléon avec l'Archi-Duchesse Marie-Louise d'Autriche; et l'Empire français ne connaissant plus de rivaux sur le continent, vit sa prépondérance à chaque instant plus consolidée. Tous ces événemens ne démontraient-ils pas évidemment que la résistance de l'Espagne ne pouvait avoir pour elle que les résultats les plus ruineux et les plus funestes ?

Cependant la défense héroïque de Girone, et les efforts pour repousser une force étrangère soutenaient la constance nationale. Par cinq mois de travail et l'emploi de moyens extraordinaires, la Junte centrale était parvenue à rassembler une nouvelle armée dans la Manche, et une autre à Ciudad-Rodrigo ; mais on ne put améliorer en rien la situation de l'Espagne. Le premier de ces deux corps, plus complet et mieux équipé qu'aucun des précédens, fut malheureusement défait à Ocaña, et perdit 20,000 prisonniers qui, ramassés en grande partie par la cavalerie, auraient pu éprouver un traitement plus rigoureux, si la présence du Roi Joseph n'eût pas rappelé au soldat français qu'il combattait pour réunir l'Espagne sous la domination d'un Souverain qui n'avait d'autre intérêt que celui de la pacifier et de la conserver. Le deuxième corps, après avoir eu quelques avantages sur Tamamés et Salamanque, fut obligé de rétrograder sur Ciudad-Rodrigo.

Au parlement d'Angleterre, comme dans les journaux de Londres, on disait alors que « puisque les gouvernemens de l'Europe

» n'ayaient pu balancer les forces de la Fran-
» ce, c'était aux peuples à se charger de leur
» propre défense ; que les affaires d'Espagne
» présentaient l'aspect le plus triste ; que la
» situation du continent, vu l'abattement et
» le découragement de toutes les puissances,
» mettait l'Angleterre en danger ; que le ca-
» binet de Saint-James n'avait su ni délivrer
» ni secourir ses alliés, ni nuire à ses ennemis;
» et on en trouvait la preuve dans sa con-
» duite à l'égard du Prince Régent de Por-
» tugal, du Stathouder de Hollande et des Rois
» de Sicile et de Sardaigne ». Abandonnons
» l'Espagne, disaient les uns, qu'avons-nous
» gagné à nous constituer ses défenseurs ? Un
» commerce limité avec la péninsule et ses
» colonies, et la promesse de nous livrer les
» escadres de Cadix, le Ferrol et Carthagène.
» Mais que n'avons-nous pas déjà sacrifié!
» Nos armées et nos trésors ; et nous nous
» sommes rendus odieux aux colonies en nous
» déclarant l'appui de leurs oppresseurs. Nos
» amis d'Espagne, disaient les autres, con-
» tinuent à faire du bruit, et n'avancent pas.
» Si l'Espagne et le Portugal conservent leur
» indépendance, ils ne la devront ni à nos
» efforts, ni à ceux de leurs habitans, mais à

» quelque hasard heureux qui en éloignera
» l'ennemi. Les Espagnols sont divisés et abat-
» tus par leurs défaites » (a).

Avant et après la bataille d'Ocaña, on vit arriver en foule à Madrid les députés de toutes les villes principales des deux Castilles, de la Manche et des autres provinces, qui venaient, au nom de leurs concitoyens, ratifier leurs protestations de fidélité et d'attachement au Roi Joseph. Dans nos entretiens particuliers avec des évêques, des prélats, des religieux, et des propriétaires qui accompagnaient ces députations, nous avions lieu de nous convaincre chaque jour davantage que les peuples étaient fatigués de la guerre, qu'ils ne soupiraient qu'après le repos, et qu'ils sollicitaient eux-mêmes des garnisons françaises qui les missent à l'abri des insultes des partisans espagnols.

En 1810, les troupes françaises affermirent leur domination en Catalogne et en Aragon, par la prise de Lerida, d'Ostalric et de Mequinenza, en même temps que, s'avançant jusqu'aux portes de Cadix, elles achevèrent la conquête des quatre royaumes de l'Andalousie. Le passage de la Sierra-Morena fut forcé au

---

(a) *Morning-Chronicle* et autres journaux anglais de 1809.

bout de quelques heures. La résistance tumultueuse de Malaga ne servit qu'à causer la mort de quelques-uns de ses habitans. Les ministres, qui comme nous accompagnaient le Roi Joseph à son entrée en Andalousie, ne négligèrent aucune occasion de faire valoir leur influence au bénéfice des Andaloux ; c'est ainsi qu'ils epargnèrent à Grenade, à Jaen et à d'autres villes les horreurs d'un siège ou d'un assaut auquel elles n'auraient pu résister. Séville, centre du Gouvernement, connaissant l'étendue du danger, n'attendit que la première sommation pour ouvrir ses portes. La Junte centrale, déjà dispersée, put à peine se réfugier dans Cadix. Son président et plusieurs de ses membres furent maltraités, insultés et même détenus par les habitans des villes qui se trouvaient sur leur passage. La Junte de Séville, dans le court espace de temps que les Français employèrent pour arriver jusqu'à ses portes, avait repris le titre de Junte suprême du royaume qui était alors sans gouvernement ; et dans sa proclamation du 28 janvier elle traitait les membres de la Junte centrale de fuyards qui, après avoir ruiné leur patrie, l'abandonnaient au pouvoir de l'ennemi (*a*). Arrivée à Cadix, la Junte

---

(*a*) Cette proclamation fut insérée dans le journal de Séville des derniers jours de janvier 1810.

centrale fut dissoute et le Gouvernement confié à un Conseil de régence composé de cinq membres. Ce Conseil, en exécution des dispositions de ses prédécesseurs, réunit et installa les Cortès extraordinaires, dont les sessions commencèrent à l'Isle de Léon, le 24 septembre de la même année. Peu de jours après leur installation, les Cortès nommèrent trois individus pour composer un Conseil provisoire de régence qui exerça ses fonctions jusqu'au 22 janvier 1812. A cette époque, elles confièrent le pouvoir exécutif à une régence de cinq membres conformément au principe adopté dans la nouvelle constitution que l'on s'occupait alors de rédiger. Cette charte ayant été publiée le 19 mars suivant, la régence retint ses pouvoirs jusqu'au 8 mars 1813, et fut alors remplacée par une autre composée de trois membres, qui conservèrent l'autorité jusqu'au retour de S. M. en Espagne.

La persuasion de l'inutilité d'une résistance, et de l'indispensable nécessité de chercher son salut dans la soumission et le repos, devançait par-tout les armées françaises. Le Roi Joseph traversa toute l'Andalousie, et visita jusqu'aux rives de la baie de Cadix. Dans toutes les villes et villages de la route, il recueillit les plus vives démonstrations d'allégresse, et les assurances que l'on était fatigué de la guerre. Toutes les municipalités, tous les chapitres lui prêtaient serment de fidélité et d'obéissance, et les députations arrivaient de toutes parts. Madrid même et sa municipalité envoyèrent à Séville des députés pour le féliciter. Une partie de la noblesse de Grenade s'offrit pour garder sa personne : le reste fut employé à former avec les bourgeois les bataillons de la garde civique. Séville et les autres villes suivirent cet exemple. Il serait bien plus facile de nombrer les municipalités qui ne prêtèrent pas le serment de fidélité, que celles qui, au nom de leurs administrés, vinrent manifester leur adhésion au nouveau Gouvernement. On aura trouvé dans les archives du ministère de la justice les actes de soumission, les procès-verbaux de prestation de serment des villes, bourgs et villages, des prélats, des corporations et communautés de toute espèce ; et on peut voir dans les gazettes de Madrid de la même époque les discours prononcés par les députations respectives au nom de leurs mandataires. En même temps des milliers d'individus et de familles émigrées rentraient dans les provinces gouvernées par le Roi Joseph. Après avoir fait tout ce que peut un simple particulier, et croyant avoir rempli les obligations que leur imposait leur opinion, ils en vinrent tous à se persuader que l'on tenterait en vain d'arrêter ou de changer la marche des événemens. Dans cette conviction, corroborée par tout ce qu'ils voyaient, ils acceptèrent les emplois auxquels ils se croyaient propres, et les solliciteurs ne tardèrent pas à se multiplier comme dans les temps les plus paisibles. Le progrès de l'opinion était tel, que les députés des villes principales d'Andalousie, qui vinrent complimenter le Roi Joseph au port Sainte-Marie, offrirent de passer à Cadix pour obtenir des autorités qui y siégeaient qu'elles ne retardassent pas par leur résistance les avantages d'une pacification générale, et la fin des maux causés à l'Espagne par le séjour des troupes étrangères.

La conquête rapide de l'Andalousie, le peu d'opposition qu'elle éprouva, la dispersion du Gouvernement central, les discussions sur la légitimité de celui qui lui succéda, placèrent la nation dans la position la plus critique où elle se fût jamais vue, et tout espoir parut anéanti; mais la nouvelle de ces événemens fit une impression bien plus forte et produisit des résultats bien autrement funestes dans nos provinces d'outre-mer. Buenos-Ayres, méconnaissant le gouvernement de la nouvelle régence de Cadix, secoua le joug de la métropole, destitua le Vice-Roi D. Francisco Cisneros, et créa une

Junte suprême et provisoire de la vice-royauté, mais toujours au nom de Ferdinand VII. Caracas et toute la province de Venezuela crurent que le moment était venu d'oser davantage, et proclamèrent leur indépendance. Le récit des progrès de cette révolution, qui par malheur dure encore, n'entre pas dans le plan de cet ouvrage ; il suffit que nous ayons démontré qu'elle prit naissance dans la conviction générale où l'on était que l'Espagne avait succombé définitivement, et qu'il ne restait plus d'espoir de la soustraire à l'autorité d'un Souverain qui l'occupait presque toute entière.

La guerre paraissait alors être arrivée à un point tel, que lors même que la conquête en fût restée là, elle pouvait se soutenir sans recourir à de nouvelles forces jusqu'à la paix définitive de l'Europe ; mais d'une part les idées erronées de Napoléon sur la nature de la guerre d'Espagne et sur le caractère national, et d'autre part les changemens de sa politique le conduisirent de faute en faute. C'est à cela et à la conduite héroïque de la nation que l'on a dû le rétablissement de l'ancienne dynastier appelée au trône d'Espagne par des moyens que l'on ne pouvait pas encore prévoir.

C'est à cette époque qu'il faut rapporter la création des gouvernemens militaires dans toute toutes les provinces du nord de l'Espagne, sous la dépendance immédiate de l'Empereur Napoléon. Le prétexte apparent de cet ordre était l'avantage de réunir le commandement civil et militaire dans les mains des généraux qui commandaient les troupes de chaque gouvernement, et de les investir ainsi des pouvoirs les plus amples afin qu'ils retirassent de ces pays non seulement ce qui était nécessaire pour la solde, l'équipement et la subsistance des soldats ; mais encore pour rétablir le matériel de l'armée, remonter la cavalerie, réparer et augmenter l'artillerie, etc. Mais l'opinion générale fut que l'on voulait par cette mesure préparer l'incorporation à la France des provinces au nord de l'Ebre, peut-être même de quelques autres, si les succès ne discontinuaient pas, et si l'Espagne et le Portugal se soumettaient entièrement. Dans le cas contraire, si la résistance était opiniâtre et soutenue par d'autres puissances du continent, on épuisait toutes les ressources de l'Espagne, on lui ôtait les moyens de faire redouter son existence politique, ou on convertissait la portion qu'on pouvait conserver en provinces dépendantes de la France sous le gouvernement d'autant de proconsuls.

L'Empereur suivit ce système avec tant de

constance, que même dans les provinces où les gouvernemens militaires n'étaient ni établis, ni ouvertement déclarés, les généraux disposaient à leur gré, et sans avoir à en rendre compte, si ce n'est directement à l'Empereur, de toutes les ressources qu'ils trouvaient dans le pays. Ainsi les pouvoirs du Roi Joseph furent restreints par degré, jusqu'à ce qu'enfin son autorité ne fut plus qu'une ombre vaine.

Depuis-lors les généraux français obligés d'entrer dans les détails de l'administration des provinces, et de fatiguer leurs troupes pour la perception des contributions pécuniaires et des denrées nécessaires à leur subsistance, purent plus difficilement s'occuper d'opérations militaires. Une simple observation fera connaître que la prolongation de la guerre, loin de porter le peuple à la soumission, l'en écartait chaque jour davantage. Dans les autres guerres, Napoléon payait ses armées, ou les entretenait dans l'espoir d'être payées à la conclusion toujours prochaine de ses expéditions. Les peuples chez qui la guerre se faisait, ne se déclaraient pas ennemis, ou accablés soudainement par la force des armes, ne prenaient aucune part aux hostilités. Mais en Espagne plusieurs corps d'armée ont été pendant long-temps privés de leur solde. Il en résultait que pour assurer sa subsistance, le soldat était condamné à des fatigues continuelles et obligé de vexer l'habitant. Ainsi les communes que la force ne pouvait surveiller de près, se déclarèrent formellement ennemies. Les esprits s'irritèrent de plus en plus, la résistance à l'oppression se manifesta plus souvent, l'espoir d'un meilleur avenir s'éveilla au moindre succès, et tout conspira à préparer des résultats que la prudence humaine ne pouvait prévoir et moins encore empêcher.

Une alternative de succès et de revers peu décisifs remplit les années 1811 et 1812. Tortose se rendit; Tarragone fut pris d'assaut après une valeureuse défense, mais cela ne suffit pas pour que les Français se rendissent maîtres du pays montagneux de la Catalogne. L'avantage de la prise de Ciudad-Rodrigo et de Badajoz fut neutralisé par le mauvais succès de la campagne de Portugal. La bataille d'Albuera conserva Badajoz aux Français, et permit à une partie de l'armée de Portugal de se réunir à celle d'Andalousie; mais les Anglais se maintinrent sur la frontière : le manque de forces fit que la conquête de Murviedro, de Valence et de Peñiscola, ne fut pas suivie de celle d'Alicante, et les avantages se balancèrent ainsi sur tous les points.

Les peuples supportent impatiemment la durée d'un aussi cruel équilibre qui, faisant de la guerre un mal habituel et chronique, épuise leur patience et leurs moyens de subsister ; les vexations continuelles du soldat, le despotisme et les abus d'une administration purement militaire, excitent l'indignation et exaltent les esprits au point de faire désirer une crise ou un dénouement quelconque, qui mette fin aux tourmens d'une aussi triste situation. Telle eût été pendant long-temps celle de l'Espagne, si la guerre de Russie et la campagne de Napoléon en 1812 n'eussent pas enseveli sous les neiges de ces régions éloignées les forces principales de la France, et préparé la chute du pouvoir colossal de l'homme extraordinaire qui avait soumis à ses lois toute l'Europe continentale.

L'Angleterre, prévoyant les conséquences de ces désastres, renforça ses armées dans la péninsule. Elles reprirent les places de Ciudad-Rodrigo et de Badajoz, en les enlevant d'assaut avant qu'elles pussent recevoir des secours. La bataille des Arapiles près de Salamanque, engagée par l'armée française dite de Portugal, lorsque celle du centre commandée par le Roi Joseph était en marche pour se réunir à elle, laissa Madrid sans défense, obligea les Français à en sortir, et à abandonner l'Andalousie pour réunir les forces qui suffirent à l'expulsion des Anglais du centre de la péninsule, et les forcèrent de se retirer de nouveau sur la frontière de Portugal et sous le canon de Ciudad-Rodrigo.

Les conséquences de la désastreuse campagne de Moscou ne tardèrent pas à se faire sentir aux armées françaises en Espagne : une partie des forces dont elles se composaient reçut ordre de repasser les Pyrénées, et un grand nombre d'officiers et sous-officiers choisis furent envoyés pour les cadres des nouveaux régimens qu'on formait en France pour la campagne d'Allemagne en 1813. Deux autres divisions de l'armée de Portugal passèrent en Navarre. Cette diminution dans les forces françaises rendit indispensable l'abandon des Castilles et la retraite sur l'Ebre, et entraîna la déroute de Vittoria et la perte de tout le matériel de l'armée, qui l'obligèrent à rentrer en France et à se borner à la défense du territoire.

La campagne de Russie avait couvert la France de deuil, et porté un coup mortel à l'ascendant que Napoléon avait sur elle. Le mécontentement se prononça ouvertement depuis Paris jusqu'au plus petit hameau, et l'homme qui avait été l'objet de l'enthousiasme, ne le fut depuis-lors que d'une censure et d'une désapprobation générales. Napoléon n'eut plus en sa faveur l'opinion publique en France, et perdit avec elle toute la considération dont il jouissait au dehors. Si les efforts que fit la nation française en 1813 pour lever une armée et la pourvoir de son matériel, prouvaient encore la grandeur de ses forces et de ses ressources, on s'apercevait que ces sacrifices étaient faits avec une telle répugnance, qu'il en fallait conclure que ce seraient les derniers qu'on obtiendrait d'elle pour conquérir une paix tant de fois promise, et qu'on pouvait encore obtenir sous des conditions convenables. Mais l'ambition de Napoléon, et sa ferme croyance que le sort de la France était irrévocablement lié à sa fortune et à son génie, amenèrent enfin sa chute qui permit, à ceux même qui étaient attachés à sa fortune, de douter que le sort l'eût destiné à terminer sa carrière dans le poste qu'il occupait. Aveuglé par les premiers succès de sa campagne de Dresde en 1813, sourd aux conseils de la prudence et à ceux de la justice, il continua à braver la fortune, jusqu'à ce que, abandonné de ses alliés, et éprouvant des revers signalés, il se vit forcé de s'éloigner des places fortes où il laissait enfermée et sans communication une grande partie de ses forces, et à se retirer précipitamment avec le reste, abandonnant la défense des frontières à des débris d'armées, incapables d'agir de concert et de fournir des garnisons suffisantes aux places de la ligne de défense.

Dans cet état de choses, après avoir fatigué la France, et épuisé les ressources qu'il trouvait dans la confiance nationale, les derniers efforts de ses troupes en 1814 ne purent arrêter les armées coalisées qui, pénétrant par tous les points, entrèrent dans Paris en vertu d'une capitulation, et le renversèrent du trône, pour y substituer Louis XVIII.

Les mêmes événemens qui amenèrent cette révolution avaient obligé Napoléon, peu de jours auparavant, à faire des propositions de paix à notre Roi Ferdinand VII. Le Duc de San Carlos et le Comte de Laforest, chargés par leurs Souverains respectifs de la rédaction du traité, le signèrent à Valençay le 11 décembre 1813 (*a*), et S. M. envoya le Duc de San Carlos à Madrid le présenter à la régence, *afin que, répondant à la confiance que S. M. lui accordait, elle y apposât la ratification*

―――――――――

(*a*) Voyez la note 58.

d'usage, et le lui remit sans perte de temps revêtu de cette formalité.

Il est bien facile de s'apercevoir que l'Empereur, en signant ce traité, avait en vue la vraie et urgente nécessité d'éloigner de ses frontières méridionales des armées qui menaçaient de si près le territoire français; de concentrer les forces qu'il avait encore dans la péninsule; de les destiner à la défense de ce même territoire, et en cas de besoin, de s'en servir pour repousser les ennemis qui le pressaient du côté du Rhin. La régence et les Cortès ne s'aveuglèrent pas là-dessus, et cette considération, jointe à d'autres, les engagea à attendre tout du résultat, probable à leurs yeux, des efforts que faisaient les puissances alliées, et à refuser la ratification.

Quel que fût leur motif, il n'en résulta pas moins que le sort du Roi dans sa captivité fut de nouveau à la merci de toutes les chances de la guerre et de la politique. Au reste, les mesures prises par les alliés pour envahir la France et se porter sur la capitale, furent si bien combinées, que Napoléon, malgré le refus de ratifier le traité de Valençay, consentit à ce que le Roi Ferdinand VII et les Infans qui l'accompagnaient retournassent librement en Espagne. Vers le milieu de mars ils sortirent de Valençay, et à la fin du même mois, ils arrivèrent heureusement sur le territoire espagnol. C'est ainsi que la providence divine a confondu les jugemens humains et les projets enfantés par la politique. Telle est la réflexion que les événemens de cette époque suggéreront indubitablement à tous ceux qui en observeront la marche.

En effet, nous avons vu que la longue guerre du continent n'a présenté jusqu'à la campagne désastreuse de Russie qu'une série progressive d'avantages qui affermissaient le pouvoir de qui dépendaient tous les changemens survenus en Europe; elle en était venue au point de se montrer presque universellement convaincue que la paix avec l'Empire français ne pouvait manquer d'avoir pour base la reconnaissance de leur irrévocabilité, et que ce serait un sacrifice indispensable au repos et à la tranquillité des nations. La Hollande, qui, du temps de Louis XIV, avait préféré s'ensevelir sous les flots à recevoir des lois de ce Souverain, non seulement avait consenti à reconnaître pour son Roi un frère de Napoléon; mais encore s'était soumise à faire partie de l'Empire français. La Suède avait fait descendre du trône son Roi légitime, Gustave IV, prenant pour prétexte l'obstination de ce Souverain à faire la guerre à la France, et les malheurs qui en étaient la suite ; et même les Etats-Unis de l'Amérique, si entièrement libres de se former un système politique indépendant de quelque puissance européenne que ce soit, avaient adhéré si fortement à celui de la France, qu'ils s'étaient attirés la guerre avec l'Angleterre. Il est incontestable que les nouveaux Souverains placés par la France ont été reconnus par la Russie, l'Autriche, la Prusse, la Suède, le Danemarck, la Saxe, la Bavière et le Wirtemberg. Toutes ces puissances nommèrent ou offrirent de nommer des ministres plénipotentiaires ou des chargés d'affaires auprès du Roi Joseph ; et lorsqu'une d'elles recommença la guerre, jamais on n'a vu qu'elle alléguât pour raison l'intention de replacer sur leur trône les Souverains dépossédés, mais bien celle de recouvrer une partie de son territoire ou des droits qu'elle avait perdus dans les guerres antérieures et cédés par les précédens traités. Toutes les puissances qui, pendant les dix dernières années, ont voulu tenter le sort des armes, ont isolé leurs intérêts, et ne se sont occupées que de leurs propres indemnités.

Par suite de la direction que prirent en Europe la politique et la guerre, les pronostics et les jugemens que nous formâmes dès le commencement sur le sort futur de notre patrie furent réalisés et justifiés. En vain avait-on voulu empêcher la conquête, et ses progrès entraînaient naturellement avec eux ceux de l'opinion sur l'indispensable nécessité de se soumettre. Cadix et Alicante furent pendant long-temps les seules places fortes qui fournissaient un asile aux troupes espagnoles ; il y eut aussi un moment où les armées nationales furent dans un état absolu de dispersion, et les corps peu nombreux qui leur survécurent étaient obligés de se restreindre à des opérations de peu d'importance, et de se tenir sous le canon des places ou sous la protection des armées anglaises. On ne put obtenir du patriotisme le plus exalté que des forces suffisantes pour retarder la conquête, mais jamais pour l'empêcher, et encore moins pour chasser les Français de la péninsule. L'Angleterre en 1812 avait porté ses forces à 807 mille hommes, y compris sa marine et ses milices ; c'est-à-dire qu'elle avait armé un homme sur dix (a). Malgré ces efforts extraordinaires,

---

(a) *Annual Register* de 1812. Discours de M. Torton au parlement sur l'état de l'Angleterre.

et quoiqu'elle n'eût alors sur le continent d'autre ennemi que la France, ni d'autre champ de bataille que la péninsule, elle ne retira de la mémorable campagne de cette même année que l'avantage de l'évacuation de l'Andalousie; mais son armée se vit obligée de revenir prendre des quartiers d'hiver sur les frontières de Portugal et sous le canon de Ciudad-Rodrigo. Les succès et les échecs militaires se seraient encore balancés pendant long-temps dans la péninsule, si la campagne de Russie n'eut pas amené les résultats dont on a parlé plus haut.

Nous trouvons au fond de notre cœur le consolant témoignage de l'attention continuelle que nous mîmes à alléger, autant qu'il était en nous, le poids des malheurs qu'une guerre semblable devait indispensablement verser sur notre patrie. Dans toutes les occasions où nous crûmes voir l'honneur national offensé et les intérêts politiques de l'Espagne lésés, l'Empereur vit en nous, non une condescendance avilissante, mais de la fermeté, de la résistance, en un mot, de l'honneur espagnol. On trouvera, au ministère des affaires étrangères de France, des documens plus que suffisans pour prouver cette vérité, ainsi que les notes que Azanza, en sa qualité de ministre des affaires étrangères en Espagne, passa à différentes époques à l'ambassadeur, M. le comte de Laforest. Nous citerons entre autres, et comme la plus importante peut-être, celle qui fut remise lorsque Napoléon manifesta l'intention de réunir à la France les provinces situées entre l'Ebre et les Pyrénées (*a*). On lui opposa la même énergie, toutes les fois qu'il essaya de mettre l'Espagne dans une dépendance humiliante à l'égard de la France, ou de faire despotiquement, au système de gouvernement, des changemens essentiels, qui ne pouvaient produire que le mécontentement des Espagnols et leur causer quelque préjudice. La Navarre et la Catalogne offrirent plus d'un motif de s'opposer à ces innovations, et les notes que Azanza passa alors donnent une idée de l'esprit qui dictait toutes les autres (*b*).

Ce fut aussi pour soutenir l'honneur national et défendre l'intégrité de la monarchie que Azanza fut envoyé à Paris en 1810 en qualité d'ambassadeur extraordinaire : le but de sa mission n'était pas seulement de féliciter l'Empereur sur son mariage avec l'Archiduchesse Marie-Louise d'Autriche, mais de représenter les graves inconvéniens qui résultaient de l'é-

---

(*a*) Voyez la note 39.
(*b*) Voyez la note 40.

tablissement récent des gouvernemens militaires. Pendant cette ambassade, qui fut de peu de durée, M. le Marquis d'Almenara, ministre de l'intérieur, vint aussi à Paris pour appuyer les représentations d'Azanza, et portant avec lui l'ordre exprès du Roi Joseph, de déclarer en son nom qu'il renonçait à la couronne d'Espagne, si l'Empereur persistait à vouloir s'approprier quelque province ou partie du royaume. Dans ce cas là, il était aussi chargé par ses collègues, les ministres, de présenter l'acte de démission de leurs emplois respectifs.

Et comment eussions-nous pu ne pas soutenir la dignité de la nation et défendre ses droits; lorsque le Souverain, dont nous étions ministres, nous en donnait le premier l'exemple par son opposition à toutes les tentatives de la politique ambitieuse de son frère, s'il les voyait dirigées contre le bonheur de l'Espagne ou l'honneur de son trône (*a*) ? Si l'expérience ne nous eut pas convaincus de la pureté de ses intentions, nous aurions abandonné nos emplois; et sans rompre les sermens qui enchaînaient notre honneur et nos consciences, nous aurions préféré la retraite et l'obscurité d'une vie privée à l'exercice d'un

───────────

(*a*) Voyez la note 41.

ministère que nous ne pouvions plus rendre utile à une patrie, à qui, depuis notre enfance, nous avions dévoué notre existence et nos services (a).

Nous croyons avoir, par ce que nous venons de dire, complété le tableau, que nous nous proposions de présenter dans ce Mémoire, de la situation véritable de l'Espagne aux différentes époques que nous avons signalées, et jusqu'au moment où les derniers événemens de la guerre du Nord préparèrent et amenèrent enfin, par un dénouement inespéré, le retour de notre légitime Souverain au trône de ses pères. Quoique nous n'ayons pas prévu un si heureux dénouement, il n'en a pas moins été pour nous un sujet de satisfaction et d'allégresse. Le but que notre parti se proposait n'a jamais été de substituer un monarque à un autre, ni de servir les intérêts du Roi Joseph au détriment de ceux de S. M. le Roi Ferdinand. Si on veut se reporter aux premières époques, et se rappeler tout ce que nous fîmes pour paralyser les atteintes aux droits de notre Souverain, ainsi que pour lui suggérer d'avance tout ce qui pouvait contribuer à lui épargner les disgrâces que nous prévoyions, on ne nous

---

(a) Voyez la note 42.

accusera pas d'avoir voulu transférer son sceptre à d'autres mains, en nous attachant à la nouvelle dynastie. S. M. céda ses droits, contrainte par des circonstances si impérieuses que nous dûmes croire qu'il était convenable et obligatoire pour nous d'obéir à la nécessité. Quelle ressemblance peut-on trouver entre la bonne foi de notre conviction, de notre conduite, et la perfidie ou la trahison? Il est enfin remonté sur le trône, ce prince qu'on nous avait enlevé, dont la perte nous avait été sensible, et pour la conservation duquel nous avions fait tout ce qu'on pouvait attendre de sujets fidèles. Pourquoi ne nous réjouirions-nous pas de voir arrivé le jour où S. M. peut recevoir de nouveau le tribut de nos hommages et l'assurance de notre fidélité, nous qui toujours avons professé les mêmes sentimens, et qui seulement avons cru devoir en faire le sacrifice à la nécessité, et à la conviction de l'impossibilité d'une résistance et des résultats funestes qu'elle devait amener?

Ces sentimens sont si profondément gravés dans nos cœurs, qu'à peine nous fûmes informés du retour du Roi Ferdinand VII sur le territoire espagnol, que nous nous empressâmes de renouveler à S. M. les démonstrations d'amour et de fidélité que nous lui avions voués précédemment, nous félicitant d'un événement
aussi

aussi heureux, et lui offrant nos services avec le même zèle et la même pureté d'intention qu'elle avait bien voulu reconnaître en nous (*a*). Cette conduite fut commune aux ministres nos collègues, aux prélats, aux grands, aux nobles, aux conseillers d'état; et on trouverait à peine, parmi tant de personnes qui ont cherché dans différentes villes de France un asile contre les persécutions populaires, un seul individu un peu marquant qui, guidé par l'instinct le plus flatteur, n'ait porté au pied du trône l'expression des mêmes sentimens. On ne trouvera dans les opinions des réfugiés pas même une ombre de divergence ; tous pensent comme nous à cet égard, et cet accord parfait et général est un phénomène qu'on ne peut attribuer qu'à la bonne foi avec laquelle ils ont agi, et à l'empire qu'ont exercé sur chacun de nous les circonstances où nous nous sommes trouvés.

A quel point les Cortès n'ont-ils point méconnu cette vérité dans leur manifeste du 19 février dernier, et avec quelle injustice n'ont-ils pas vomi les injures les plus humiliantes sur les Espagnols réfugiés en France ? Un pareil manifeste, dont toutes les expressions respirent la vengeance, la soif du sang, et un acharne-

---

(*a*) Voyez note 43.

ment, si peu conciliable avec la gravité d'un congrès national, ne justifie que trop la crainte, disons mieux, la terreur qui s'empara de cette multitude de familles, obligées de venir malgré elles, et au prix de mille souffrances, chercher en France un asile contre les persécutions et les violences dont elles étaient menacées. Il sera d'autant plus difficile aux Cortès de légitimer un procédé semblable, qu'elles devaient connaître et connaissaient en effet la véritable cause de cette émigration forcée, et la position où se trouvaient leurs frères et leurs compatriotes.

Les Cortès n'écoutant sans doute que ce que leur dictait leur haine pour le traité de Valençay, et voulant mettre en usage le moyen dont elles s'étaient déjà servi avec succès pour soutenir l'enthousiasme national, en exaltant la passion la plus dominante, celle de l'aversion pour les Français, comme instrumens d'une agression perfide et des vexations qui en étaient la suite; les Cortès cherchèrent dans leur manifeste à aiguiser tous les poignards et à les diriger contre ce nombre considérable de leurs concitoyens, comme s'ils avaient pris quelque part à la confection dudit traité. La France pouvait-elle se dispenser de protéger, dans ses transactions, les peuples dont sa politique a changé jusqu'à l'existence sociale; elle que nous voyons aujourd'hui défendre avec tant d'énergie les droits du vertueux Roi de Saxe, entraîné par la politique de Napoléon, lorsque son ambition était couronnée par des succès ? Par bonheur, le Souverain actuel de la France a éprouvé plus que personne ce que peuvent la force et la violence, et en fait oublier les excès par son exemple, ses vertus et la sagesse de ses principes. Nos infortunés compatriotes doivent à sa bienveillance un asile protecteur et des moyens d'existence ; et lorsque la patrie leur rouvrira ses bras, ils emporteront, gravée profondément dans leur cœur, la reconnaissance que réclament ces bienfaits; sans oublier celle qu'ils doivent à la généreuse hospitalité qu'ils ont trouvée chez tous les Français.

CONCLUSION.

Terminons cet Exposé par un résumé succinct des principaux faits et des principes généraux qui lui ont servi de base : le lecteur pourra l'amplifier à son gré avec les preuves et les documens contenus dans le corps du Mémoire.

La nation entière témoigna hautement son indignation du tort fait à son Roi, et de la manière avec laquelle l'Empereur des Français répondit à la franchise et à la noble confiance dont notre Souverain lui donna des preuves en se livrant à lui, persuadé qu'il trouverait en lui un médiateur, un allié et un protecteur.

La Junte suprême que S. M. laissa à Madrid sous la présidence de S. A. l'Infant D. Antonio pour gouverner le royaume pendant son absence, toutes les autorités et les personnes exerçant les premiers emplois, défendirent de commun accord les droits du Souverain avec énergie et persévérance ; mais la publication des renonciations et des ordres qui enjoignaient à la nation de se soumettre et d'éviter une guerre de désolation ; l'idée que l'on ne pouvait avantageusement lutter contre des forces supérieures qui occupaient la capitale et les places principales ;

la crainte de rendre l'envahissement plus facile par la désunion et l'anarchie, firent considérer cette conquête comme inévitable par une grande partie de la nation, et l'engagèrent à se soumettre à la nouvelle dynastie.

Elle fut reconnue par toutes les autorités et corporations civiles et ecclésiastiques de la capitale; personne ne se refusa à continuer d'exercer son emploi; ceux même qui servaient auprès du Roi Ferdinand VII ne balancèrent pas à accepter la confirmation des leurs de la main du nouveau Roi. Si quelque autorité donna son acquiescement sous des protestations conditionnelles, ou se maintint en *état de délibération* à l'égard du serment à la constitution de Bayonne, cette exception n'eut point de force contre la conduite générale, et ne put entraver la marche ou diminuer l'ascendant du nouveau Gouvernement.

Ceux qui se trouvèrent alors dans la capitale ne purent suivre une autre direction, parce que Madrid était devenu le point central des forces françaises. Après la publication des renonciations et de la révocation des pouvoirs de la Junte, il ne restait plus ni chef ni autorité quelconque qui pût commander à ses habitans, moins encore à toute l'Espagne, et à qui la nation se fût crue obligée d'obéir. Les peuples n'obéissent qu'à ceux qui ont les moyens de les protéger.

Le premier élan de la résistance fut guidé par les passions, seul ressort capable de mettre en mouvement un peuple en masse. Ce début n'inspira de la confiance à personne, et priva plusieurs de la faculté d'agir librement. Cette même faculté fut également ravie à un grand nombre de ceux qui, dans les provinces, enchaînés par la terreur qu'inspiraient les assassinats commis par la populace, se virent obligés de favoriser les soulèvemens populaires.

Il manquait à l'Espagne un chef qui servît de point de réunion, et la nation n'avait dans son sein aucun corps constitué qui fût l'organe de sa volonté et pût sauver l'État dans des circonstances si critiques. La force physique qui dominait ne permit pas de se créer tout-à-coup une ressource si indispensable pour diriger la force morale d'une nation.

Les premiers effets de la résistance se firent sentir dans des provinces distantes de soixante lieues et plus de la capitale. A Madrid il était difficile, pour ne pas dire impossible, d'en connaître la nature, l'intensité, la durée, et la tournure qu'elle prendrait lorsqu'elle aurait à surmonter de grands obstacles ou lorsqu'elle exigerait d'énormes sacrifices. Le mal était certain, les avantages n'étaient pas même probables.

Dans les crises d'une révolution qui compromet le sort de tout un royaume, et où personne ne répond des résultats, tout est abandonné à la prudence de chacun. L'homme d'Etat, le militaire, peuvent bien apprécier et estimer la résistance des troupes réglées et des places fortes, cette évaluation est soumise aux règles de l'art; mais il leur est impossible de graduer ni les obstacles, ni les ressources, lorsqu'il s'agit de la résistance d'un peuple mû par les passions même les plus conformes à la raison, parce qu'ils ne peuvent être assujettis à aucun calcul.

Toute la partie de la nation qui, cédant à la nécessité, se soumit à la nouvelle dynastie, s'unit à elle par les mêmes liens qui l'auraient attachée à la puissance la plus légitime, et qui enchaînent l'honneur et la conscience de tous les hommes de bonne foi, à savoir: l'obéissance aux ordres de nos anciens Rois et les sermens de fidélité au nouveau. Ces sermens recevaient une force nouvelle de la persuasion où l'on était de la supériorité irrésistible des troupes qui avaient envahi et occupé l'Espagne, et de l'impossibilité de reconquérir la personne du Roi. On pouvait au plus agir contre cette persuasion;

mais admettre que ces engagemens peuvent arbitrairement se rompre, c'est lutter contre l'expérience et contre l'opinion de tant de personnes qui se sont refusées à les souscrire; et une doctrine semblable serait contraire aux intérêts des Souverains légitimes, qui ne peuvent s'assurer de l'obéissance de leurs sujets que par ces mêmes engagemens.

Depuis la première année de notre révolution, le pouvoir de la France s'éleva progressivement au plus haut degré; le dénouement extraordinaire de la guerre avec l'Autriche, et le traité de paix, plus étonnant encore, qui en fut le résultat, laissèrent l'Empereur sans rival sur le continent. Ses ennemis devinrent ses alliés, et les partisans du système continental reconnurent tous les changemens *faits et à faire* en Espagne, en Italie et en Portugal. Aucune puissance continentale ne prit part à la lutte de l'Espagne avec la France, elles la considérèrent comme une guerre purement intérieure et regardèrent comme inévitable la conquête et la soumission.

Que si l'Angleterre persista à rester en guerre, c'était le résultat obligé de sa position, qui ne permet pas d'attaquer sa puissance par terre, et de ses intérêts maritimes, dont la ruine serait difficilement compensée. Dans l'état actuel de l'Europe, on doit s'attendre que toute guerre avec l'Angleterre, qui aura pour but d'attaquer ou de compromettre ce qu'elle appelle ses droits maritimes, ne se terminera que par la destruction d'une des puissances belligérantes. Telle a été la fin de la dernière qu'elle a soutenue pendant vingt ans contre la France; mais les puissances continentales n'ont pas les mêmes intérêts à soutenir des guerres de longue durée et ruineuses, qui épuiseraient leur population et leurs finances délabrées. Dans celle qui vient de finir, aucun Souverain de l'Europe n'aurait eu les ressources pécuniaires suffisantes, si l'Angleterre ne lui eût fourni des subsides, comme elle en fournissait à l'Espagne.

La résistance héroïque de cette nation était soutenue par les sentimens de l'amour de la patrie et de la gloire; mais la raison et l'expérience prouvent que le bonheur et le succès ne couronnent pas toujours ces sentimens élevés.

La nouvelle dynastie parvint à dominer la plus grande partie de l'Espagne. La considération que ce gouvernement n'était reconnu que dans les lieux où la force le protégeait et l'appuyait, est vraie; et même, si l'on veut, son évidence est de longue date, mais elle ne prouve rien. On verra dans les commentaires de César s'il en était autrement de l'Espagne et des Gaules dont les peuples employèrent pendant plusieurs années la même tactique, et n'en furent pas moins conquis et incorporés à l'Empire romain. Peu de temps après, ces mêmes peuples élevèrent des statues et des monumens en l'honneur de leurs conquérans. Tel est le cours des choses humaines.

L'attitude de déférence que prit toute l'Europe à l'égard de la France, et la situation où nous voyions l'Espagne, nous portèrent toujours à croire que la péninsule était réduite à choisir entre trois partis : d'être gouvernée par un prince de la dynastie qui régnait en France; ou d'être dominée par cette puissance et réunie à elle; ou enfin d'être divisée en petits États en conséquence d'un arrangement entre les autres États européens. On ne devait pas balancer à donner la préférence au premier.

Aucun des Espagnols de ce parti n'a abandonné ses légitimes Souverains. Aucun ne s'est montré fauteur ni partisan des changemens intentés par Napoléon, et n'a concouru en aucune manière à l'exécution de ses projets. Mais lorsque les transactions de Bayonne nous eurent enlevé notre Roi; lorsqu'il ne nous resta plus qu'à opter entre l'anarchie et un régime constitutionnel, entre les désastres inévitables d'une conquête et les avantages d'un gouvernement indépendant, sur le point d'entreprendre une guerre héroïque, mais de longue durée et incertaine dans ses résultats, il est bien pardonnable à un grand nombre d'avoir embrassé le parti de la soumission, et on ne pourra jamais leur en faire un crime.

L'injustice de l'agression et les actes de rigueur et d'oppression auxquels on doit s'attendre de la part des troupes victorieuses ou vaincues, avaient enraciné profondément la haine contre les Français. On ne doit pas s'étonner qu'elle s'étendît, pendant la durée de cette lutte, sur les Espagnols qui avaient cru que la force devait tôt ou tard fixer le sort de leur patrie. Heureusement ce temps n'est plus. Il ne nous reste qu'à unir nos efforts pour effacer le souvenir de tous les malheurs de la révolution. Que ne gagnera pas l'Espagne à cet oubli généreux ! Tout bon Espagnol doit étouffer dans son sein les sujets de plaintes qu'il peut avoir, quelque fondés qu'ils puissent être, et calmer ses chagrins, quel que soit le motif qui les ait causés. Pour mettre fin à toutes les récriminations, ne vaudrait-il pas mieux passer l'éponge sur les querelles d'opinions, et faire disparaître les noms de Fanatiques, Serviles,

Libéraux, Bonapartistes, *Afrancesados*, *Inglesados*, Créoles, *Européens* et *Insurgés*, pour ne laisser subsister que celui d'Espagnol, et que ce seul nom rappelât à chacun de nous ses devoirs envers la patrie et le Souverain.

Malgré les obstacles que la guerre opposait à leurs désirs de faire le bien, Azanza et O-Farrill ont la consolante certitude de n'avoir jamais servi d'instrumens pour faire le mal. Loin de là, ils peuvent assurer qu'ils ont épargné à un grand nombre de leurs compatriotes les malheurs que la guerre entraîne après elle : jamais ils ne prirent en considération le parti qu'avait suivi l'homme malheureux dont le mérite leur faisait un devoir d'améliorer le sort. Ils en appellent sur ce point au témoignage de tous ceux qui les ont connus ; mais quant à la partie de la nation qui n'a pu observer leur conduite à cette époque, elle s'en formera une idée exacte en la jugeant d'après celle qu'elle leur a vu suivre constamment jusqu'à la catastrophe qui les sépara d'elle. Ils protestent donc avoir servi avec pureté et désintéressement, sans bassesse, sans orgueil, et avec toute la rectitude et l'intégrité dont ils sont capables. S'ils ont commis quelque erreur, leur volonté n'y a point pris part ; leurs sentimens ont toujours été ceux de véritables Espagnols. En un mot, ils ne croient avoir rien fait qui les rende indignes de la faveur de leur Souverain, et dont leurs fronts aient à rougir en présence de leurs concitoyens.

Qu'il nous soit permis de soulager notre cœur long-temps oppressé, et de nous plaindre du peu de considération, de l'inconséquence même avec laquelle on s'est efforcé, dès les premiers pas de la révolution, de vouer nos noms à l'opprobre en les chargeant d'épithètes que nous ne méritâmes jamais; et, ce qui nous fut plus sensible encore, en diffamant jusqu'à nos intentions. Nous, Azanza et O-Farrill, qui toujours avions mérité l'estime de nos Souverains et de nos compatriotes; qui jouissions d'une réputation sans tache et d'un crédit de probité et d'amour du bien public qui faisait tout notre bonheur et dont nous enorgueillissions, nous nous vîmes tout à coup en butte aux injures, et dépeints comme des ambitieux et des gens à vues cupides et perfides. Devait-on oublier que nous étions parvenus au terme de notre carrière politique en passant par les emplois de la plus haute confiance et de la plus grande autorité, et sans intrigues? que jamais dans les grades les plus éminens nous ne nous étions écartés de la plus scrupuleuse probité et du désintéressement le plus pur comme le plus notoire? Quelles causes a-t-on pu supposer pour nous attribuer un changement aussi inconcevable? Que pouvions-nous nous promettre, ou à quoi pouvions-nous aspirer, dans un changement de gouvernement, qui améliorât notre sort ou le rendît plus heureux? En vérité, nous devions croire que notre conduite antérieure établirait une prévention favorable sur nos intentions, lors même que nous aurions mal jugé la crise politique où se vit la nation, et qui nous obligea tous à porter un jugement qui ne pouvait être basé que sur des conjectures. Pendant long-temps les nôtres paraissaient être les mieux fondées ; personne n'en pouvait douter ; mais nous croirions faire preuve d'une vanité ridicule, si l'orgueil d'avoir deviné juste pouvait un seul instant balancer l'allégresse et l'intérêt sincère que nous éprouvons en voyant nos calculs démentis et notre Roi sauvé.

Ces sentimens sont communs à tous les Espagnols réfugiés en France. L'erreur la plus injuste où l'on ait pu tomber, a été de supposer que ces Espagnols sont moins pénétrés d'amour pour leur Roi que le reste de la nation, et de croire qu'ils sont venus en France à la suite de qui que ce soit. Le moment dangereux des réactions, des haines et des vengeances était arrivé, soit que la faute en appartînt au peuple, ou aux gouvernans qui ne les réprimaient pas ; peut-être parce qu'ils ne se voyaient pas en force. L'esprit de licence et de témérité rendait irréparables les attentats une fois commis. Personne n'est sorti d'Espagne qu'à contre-cœur; mais il n'a pas été permis de faire autrement. Il est encore plus certain qu'il n'est pas un seul Espagnol qui soit venu en France, sinon pour attendre dans un asile temporaire que les passions fussent calmées ; et tous dûrent se promettre que si le légitime Souverain ressaisissait le sceptre, il prononcerait sur leur sort, après avoir pris pleine connaissance de la position délicate et pénible où chacun d'eux s'était trouvé. On ne peut attendre cette équité parfaite et cette rectitude de jugement que de S. M. qui a éprouvé personnellement les premiers coups de cette catastrophe. Cette considération suffit pour qu'on ne s'étonne pas de voir cet espoir se soutenir encore, après l'ordre circulaire du 30 mai de cette année, qui a couvert de deuil tant de familles (*a*). L'Espagne est trop grande, trop généreuse, pour permettre qu'on l'accuse de présenter dans

---

(*a*) Par cet ordre royal du ministère de grâce et justice, on enjoint aux capitaines généraux et gouverneurs des frontières, de fermer l'entrée de l'Espagne aux personnes comprises dans les classes qui y sont désignées.

l'opinion qu'elle embrasse, le seul obstacle à l'exercice d'une des vertus qui donne le plus d'éclat à la souveraineté, et qui décore notre Monarque, S. M. Ferdinand VII.

Paris, 15 *décembre* 1814.

NOTES

NOTES

ET

PIÈCES JUSTIFICATIVES.

NOTES
ET
PIÈCES JUSTIFICATIVES.

NOTE I.re

SA MAJESTÉ le Roi Ferdinand VII emmena avec lui dans son voyage, outre son ministre secrétaire d'Etat, MM. le Duc d'Infantado, président du Conseil de Castille; le Duc de San-Carlos, premier majordome de S. M.; le Marquis de Muzquiz, ex-ambassadeur à Paris; D. Pedro Labrador, ex-ministre plénipotentiaire près du Roi d'Etrurie, D. Juan de Escoïquiz, archidiacre d'Alcaraz, ci-devant instituteur du Roi; le Comte de Villariezo, capitaine des gardes du corps; et les Marquis de Ayerbe, de Guadalcazar et de Feria, gentils-hommes de la chambre. A ce cortège royal fut aggrégé à Bayonne celui qui accompagna S. A. l'Infant D. Carlos, composé de M. le Duc de Hijar; de D. Antonio Correa, gentilhomme de la chambre; de D. Pedro Macanaz et D. Pasqual Vallejo, en qualité de secrétaires, et de D. Ignacio Correa, chambellan: MM. les Ducs de Frias et de Medinaceli, et le Comte de Fernan-Nuñez, Duc de Montellano, qui avaient été envoyés précédemment pour compli-

menter l'Empereur Napoléon, se réunirent au Roi dans la même ville. Quoique toutes ces personnes n'entrassent pas au conseil privé de S. M., qui se composait principalement de celles qui étaient sorties avec elle de Madrid à cette fin, cependant elles jouissaient toutes de sa confiance et pouvaient aider de leurs conseils dans ces circonstances délicates.

A l'égard d'une délibération ou consultation en vertu de laquelle S. M. se serait résolue à sortir de Madrid, il nous est indispensable de combattre une erreur, que quelques personnes partagent peut-être encore. Le Conseil de Castille dit dans son manifeste, pag. 21, « *que si son intention était de faire son apologie,* » il décrirait la triste situation de la capitale au départ » de son Roi : il dirait qu'il ne fut consulté ni sur » cette détermination, ni sur le départ de S. A. l'Infant D. Carlos, ni sur aucune des démarches très-» délicates qui eurent lieu successivement : il peindrait le contraste qui existait entre ses idées et celle » de la Junte suprême de Gouvernement ».

Cette manière de présenter les faits pourrait être plus précise. Le départ de l'Infant D. Carlos précéda celui du Roi, et la Junte de Gouvernement ne put délibérer sur l'un ni sur l'autre de ces deux points, puisqu'elle n'existait pas encore. Quant aux incidens qui s'élevèrent depuis, nous pouvons assurer que le Conseil en fut immédiatement informé; que la Junte appela très-fréquemment à ses séances le respectable doyen D. Arias Mon y Velarde; que nous déposâmes dans son sein toutes nos inquiétudes et tous nos chagrins; et que pournous procurer plus de lumières *sur les démarches très-délicates qui eurent lieu successivement,* S. A. l'Infant D. Antonio, président de la Junte, ordonna que MM. les gouverneurs et doyens des Conseils assistassent aux séances, et appela à quelques-unes deux membres de chacun d'eux. En résumé, *tout le contraste entre la Junte de Gouvernement et le Conseil* consistait en ce que la Junte était obligée de prendre un parti prononcé, et donner une décision, quelqu'embarrassantes que fussent les affaires, pendant que le Conseil pouvait, évitant de se compromettre, prolonger indéfiniment ses délibérations.

NOTE II.

Le capitaine général de la nouvelle Castille, D. Francisco Xavier Negrete, peu de jours avant le départ de S. M., donna avis à O-Farrill que le Grand Duc de Berg lui avait dit qu'il ne reconnaissait en Espagne d'autre Souverain que Charles IV. O-Farrill monta immédiatement à l'appartement du Roi, accompagné du général Negrete qui, en présence de M. le Duc de San Carlos et de D. Juan Escoïquiz, rapporta de nouveau la conversation entre le Grand Duc et lui. Après le départ de S. M., le maréchal de camp D. Joseph Joaquin Marti, inspecteur général des troupes légères, commandant militaire d'Aranjuez, avertit O-Farrill que le général français qui y siégeait avec un corps de troupes avait déclaré que ses ordres étaient de ne reconnaître en Espagne que Charles IV pour Roi ; et en réponse aux reproches qui lui furent faits sur ce qu'il n'avait pas donné avis de cet incident, il dit qu'il l'avait communiqué sans perte de temps au Marquis d'Albudeite, et celui-ci au Comte de Villariezo. L'objet de ces rapports ne parut alors qu'une simple conséquence de ce que l'Empereur des Français n'avait pas encore déclaré reconnaître pour Roi d'Espagne S. M. le Roi Ferdinand VII, d'autant mieux qu'on ignorait que le Roi Charles eût protesté contre son abdication.

NOTE III.

Note du général Belliard à la Junte de Gouvernement.

S. M. l'Empereur et Roi ayant fait connaître à S. A. I. et R. le Grand Duc de Berg que S. A. R. le Prince des Asturies venait de lui écrire pour lui annoncer *qu'il le rendait maître du sort du Prince de la Paix*, S. A. me charge en conséquence de faire connaître à V. E. les intentions de l'Empereur, qui lui réitère l'ordre de demander ce Prince et de l'envoyer en France.

Il serait possible que cette détermination de S. A. R. le Prince des Asturies ne soit pas parvenue à V. E.; dans cette hypothèse il est sensible que S. A. R. aura attendu la réponse de S. M. l'Empereur. Mais V. E.

comprendra que répondre au Prince des Asturies, c'était décider une autre question, et l'on sait déjà que S. M. I. ne peut reconnaître que Charles IV.

Je prie V. E. de communiquer cette lettre à la Junte d'Etat, et d'avoir la bonté de me mettre à même de rendre compte à S. A. I. le Grand Duc, de la détermination qu'elle aura prise.

Le Gouvernement et la nation espagnole ne trouveront dans cette double résolution de S. M. I. que de nouvelles preuves de l'intérêt qu'elle porte à votre patrie; car, en éloignant le Prince de la Paix, elle veut ôter à la malveillance les moyens de faire croire qu'il serait possible que Charles IV rendît le pouvoir et sa confiance à celui qui doit l'avoir perdue pour toujours, et d'un autre côté, la Junte de Gouvernement rend certainement justice à la noblesse des sentimens de S. M. l'Empereur, qui ne veut pas abandonner son fidèle allié.

Je prie V. E. de recevoir l'assurance de ma haute considération.

Le général chef d'état-major général,

AUGUSTE BELLIARD.

Madrid, 20 *avril* 1808.

NOTE IV.

On lit dans l'exposé de M. Cevallos, pag. 85. « On doit dire, pour rendre hommage à la vérité, que M. le Bailli D. Antonio Gil, secrétaire d'Etat du département de la marine, et, en cette qualité, membre de la Junte, s'opposa à la remise des prisonniers, se fondant sur ce qu'on n'y était pas autorisé par le Roi. »

Pour rendre hommage à la vérité, Azanza et O-Farrill déclarent que lorsque la Junte mit en discussion ou en délibération la remise de D. Manuel Godoy, tous ses membres manifestèrent bien clairement leur répugnance à accéder à la demande qui lui était adressée. Il est possible que M. le Bailli Gil montrât plus d'opposition que les autres votans, ou exposât avec plus de vigueur les raisons qui s'offraient pour ajourner, et attendre des ordres exprès de S. M.; mais convaincu, comme tous ses collègues, de la nécessité d'interpréter ceux qu'on avait déjà reçus, d'une manière convenable à la situation de S. M. et à celles des affaires, soit à Madrid, soit à Bayonne, il adopta comme tous les autres, y compris le président, la détermination de procéder à la remise, sans former de protestation contraire, ni séparer son vote de celui de l'unanimité.

NOTE V.

On informa le Conseil de cette détermination de la Junte et des données qui la motivaient, par l'entremise de D. Sébastian Piñuela, secrétaire de grâce et justice, comme on peut le voir dans le manifeste du Conseil, pag. 8 à 11 ; mais les ministres voient avec peine, en leur qualité de membres de la Junte, que le Conseil ait dit, pag. 9, « que cet ordre le confirma dans » l'opinion qu'il avait commencé à former à la vue » des entraves que l'on mettait successivement à l'ad- » ministration de la justice. » Si le Conseil eût désigné clairement de quelle part provenaient ces entraves, nous n'aurions rien à alléguer contre cette expression. Mais le laconisme de cette phrase laisse en doute si les obstacles étaient élevés par la Junte de Gouvernement, qui depuis dix jours s'opposait constamment aux demandes et aux menées du Grand Duc de Berg pour la liberté du prisonnier. La situation de la Junte ne ressemblait en rien à celle du Conseil. Celui-ci dans ses rapports avec elle, n'avait à s'entendre qu'avec une autorité nationale et amie, et dont les intérêts étaient les siens propres; mais la Junte, toujours exposée à heurter une autorité étrangère et ennemie, devait éviter de l'exaspérer, du moment qu'il lui était enjoint de la traiter comme alliée. Tout ce qui a été publié dans d'autres écrits sur la remise de D. Emmanuel Godoy au Grand Duc de Berg, est réduit à sa juste valeur, si l'on observe qu'ils ne furent mis au jour qu'après les événemens de Bayonne, et lorsqu'il suffisait, pour plaire à la nation, de manifester qu'on désapprouvait cette délivrance, comme si la Junte ne s'y fût pas refusée avec la ténacité dont nous avons rapporté les preuves. Mais si cette déclaration du Conseil se rapporte uniquement aux ordres émanés de la Junte, pour qu'il fût sursis au procès de D. Emmanuel Godoy, et aux autres mesures prises par elle, on ne doit pas oublier que S. M., la veille de son départ de Madrid, l'avait autorisée à y surseoir, et quant au reste, que la Junte se vit forcée à cette condescendance pour éviter de se voir contrainte à consentir à d'autres actes de plus grande importance. Le Conseil témoigne aussi son étonnement de ce qu'il ignore le résultat du rapport qu'il fit contre D. Eugenio Izquierdo. L'original en fut envoyé par Azanza et d'ordre de la Junte à M. Cevallos, pour qu'après avoir pris les ordres du Roi, il pût faire à Bayonne les diligences convenables. M. Cevallos les reçut, et il n'est pas étonnant que l'importance des autres affaires ait empêché qu'on s'occupât de celle-ci. Ces deux traits sont les seuls parmi ceux que cite le manifeste du Conseil, qui puissent se rapporter à la Junte de Gouvernement; les autres appartiennent au temps où le lieutenant-général gouvernait, et les ministres n'y prirent part qu'en faisant passer ses ordres au Conseil.

NOTE VI.

La Junte rendit compte au Roi Ferdinand VII de cette longue conférence avec le Grand Duc de Berg, dans laquelle on s'occupa d'affaires de tant d'importance, et qui touchaient de si près aux droits de S. M. et lui expédia, par deux courriers qui partirent le même jour, deux lettres dont voici la copie.

Lettre première.

Sire :

« Cette nuit même, la Junte de Gouvernement venait de se réunir dans l'appartement de l'Infant D. Antonio, lorsque s'est présenté le général Belliard, pour informer S. A. que le Grand Duc de Berg désirait communiquer des affaires importantes à deux individus investis de la confiance de la Junte. D. Miguel Joseph de Azanza et D. Gonzalo O-Farrill, nommés à cet effet, se sont rendus chez S. A. I. à huit heures et demie, et ont été de suite introduits dans son cabinet intérieur avec M. Láforest. »

« Le Grand Duc prenant la parole a déclaré qu'il allait parler comme lieutenant de l'Empereur et général de ses armées en Espagne; qu'en vertu des ordres réitérés de S. M. I. il devait replacer sur le trône le Roi Charlés IV, et qu'avant d'en informer d'office la Junte de Gouvernement, il voulait discuter avec ses députés les deux seuls moyens qu'il avait pour exécuter ces dispositions ; le premier était l'adhésion de la Junte à la déclaration expresse en vertu de laquelle l'auguste père de V. M. ressaisissait la couronne, et le second, l'emploi de la force. »

« Dans cette discussion aussi scabreuse que pénible pour les deux députés, il n'y a pas eu un seul trait essentiel qu'ils ne se soient efforcés de repousser, en posant pour principe incontestable qu'ils ne reconnaîtraient jamais d'autre autorité que celle de V. M., et déclarant qu'ils étaient bien persuadés que la Junte, les Conseils et tous les corps du royaume pensaient comme eux, et ne transigeraient jamais sur ce point; ils ont fait envisager à S. A. I. les conséquences funestes à la nation, aux troupes françaises et à la gloire de l'Empereur, qui résulteraient de l'usage et de l'emploi de la force dans l'exécution d'un ordre si extraordinaire. Enfin, après que le Grand Duc eût répété qu'il était obligé de remplir dès le lendemain au matin les ordres de l'Empereur, S. A. I. cédant aux argumens et aux obstacles invincibles qui lui ont été opposés, en est venue à proposer aux députés que le Roi Charles IV passât à la Junte de Gouvernement une déclaration qui se réduirait à annoncer qu'il reprenait la couronne, vû que son abdication avait été forcée, et que la Junte, dans un simple avis de réception, répondrait qu'elle l'envoyait à V. M. comme à son Seigneur et Roi, pour qu'en ayant pris connaissance, il fît entendre sa souveraine détermination; qu'ensuite de cela le Roi et la Reine se mettraient en route pour la frontière, à l'effet de s'aboucher avec V. M.

et l'Empereur; que jusques-là le Roi Charles IV n'exercerait aucun acte d'autorité; qu'il ne passerait pas par la capitale; que les Conseils et les tribunaux n'auraient aucune connaissance de tout ceci, et qu'ils continueraient comme par le passé à agir au nom de V. M.; que la Junte de Gouvernement ne reconnaîtrait d'autres ordres que ceux de V. M.; que dans l'ordre du jour de l'armée française il ne serait fait mention de rien, et que LL. MM., le Grand Duc et la Junte garderaient sur le tout le plus profond secret. »

« Attendu que la discussion qui a conduit à ce résultat ne s'est terminée qu'à minuit, les députés, suivant ce qui a été arrêté par la Junte, remettent à demain l'envoi des détails circonstanciés des articles exposés succinctement dans cette lettre. »

La Junte de Gouvernement, informée de tout ce qui a été dit dans cette conférence, et ayant examiné avec une attention minutieuse ce qui a été proposé en dernier lieu, est restée d'accord que les mêmes députés retourneraient auprès de S. A. I. pour lui annoncer qu'elle souscrivait, quoique pénétrée de douleur, à la mesure indiquée de remettre à V. M. la déclaration précitée de son auguste père, mais sous la ferme protestation de son adhésion aux principes adoptés par les députés, et sous la condition que les articles convenus seraient fidèlement exécutés. »

« Lorsqu'on a rapporté cette réponse au Grand Duc de Berg, S. A. I. a dit qu'il allait dépêcher un courrier à l'Empereur, et que le lendemain il se rendrait à l'Escurial pour instruire le Roi Charles IV de ce qui avait été arrêté. »

« La Junte de Gouvernement aurait désiré obtenir un meilleur résultat d'une discussion aussi embarrassante ; mais V. M. appréciera ses efforts pour concilier son devoir et sa fidélité religieuse à V. M. avec le besoin de prévenir des ruptures et des désastres qui pourraient produire des maux incalculables. »

Madrid, 17 avril 1808, à 3 heures et demie du matin.

Sire :

Aux pieds de V. M.

Sébastian Piñuela. = Gonzalo O-Farrill. = Fr. Francisco Gil. = Miguel Joseph de Azanza.

Seconde lettre.

Sire :

« Les deux députés de la Junte de Gouvernement pour la conférence qui eut lieu hier au soir avec le Grand Duc de Berg, continueront de présenter à V. M. les réflexions et les propos qu'ils y entendirent, parce que l'affaire est de si grande importance qu'on ne doit rien laisser ignorer à V. M. »

« Sur l'abdication. S. A. I. la qualifia plusieurs fois de forcée, en disant que l'auguste père de V. M. l'avait donnée au milieu de l'insurrection d'une troupe revoltée, du tumulte et des cris du peuple, et enfin lorsque l'on insultait le plus hautement son favori ;

que cette abdication avait été provoquée par quelques-
uns de ses ministres; que le Roi père avait fait sa
protestation, en donnant à entendre qu'il l'avait
envoyée à l'Empereur. M. Laforest ajouta qu'après
une abdication de cette nature, le Roi père était dans
ses droits lorsqu'il reprenait la couronne. Les députés
s'attachèrent d'abord à rectifier une opinion aussi
erronée, et instruisirent S. A. I. de l'unique but que
se proposaient tous ceux qui, ce jour là, entouraient
S. M., qui n'était autre que d'empêcher sa retraite en
Andalousie, et par suite une rupture avec la France,
et les résultats les plus avantageux à l'Angleterre
notre commune ennemie, si, comme il était probable, la cour en venait à s'embarquer pour l'Amérique. Nous dîmes que le Roi père avait plusieurs
mois auparavant eu la pensée d'abdiquer la couronne;
que lorsqu'il communiqua ses intentions à ses ministres, il se montra si fortement résolu à exécuter cette
détermination spontanée, qu'il leur ôta la faculté
de lui faire la moindre observation; qu'il le déclara
ainsi au corps diplomatique qui se trouvait alors à
Aranjuez, et que dans un entretien avec S. A. R.
l'Infant D. Antonio, son frère, il lui avait dit
qu'il n'avait jamais rien signé avec plus de plaisir.
Nous assurâmes S. A. I., comme un fait notoire et
facile à prouver, que durant les jours et les heures
qui précédèrent cette abdication, on entendit constamment les cris de *vive le Roi !* que V. M. ne se
montra jamais au peuple ni à la troupe sinon comme
un fils obéissant et un sujet fidèle; que la même troupe

et le même peuple considérèrent toujours V. M. comme tel, et que V. M. appelée dans l'appartement de son auguste père entendit de sa propre bouche la déclaration de sa renonciation volontaire à la couronne, et les désirs qu'il exprimait de voir V. M. plus heureuse et plus tranquille qu'il ne l'avait été lui-même pendant son règne : que, sans entrer dans ces détails, la question se réduisait à savoir si l'abdication avait le caractère légal nécessaire pour qu'elle fût reconnue et acceptée : les deux députés dirent que les secrétaires du cabinet, les Conseils, les tribunaux, les députés des provinces, en un mot tous les corps constitués pour valider des actes de cette nature, en avaient jugé ainsi; et s'apercevant qu'on avait induit en erreur le Grand Duc de Berg, en lui faisant entendre qu'il eût été indispensable que V. M. fût proclamée Roi dans toutes les villes du royaume, ils ont fait connaître à S. A. I. que cette circonstance n'ajoutait rien à la force et à la légalité de cet acte, et ne contribuait qu'à lui donner plus de publicité; que les ordres étaient expédiés pour que cette proclamation eût lieu, mais ajournée jusqu'à ce que le jour en fût fixé; que dans tous les royaumes d'Espagne V. M. était déjà reconnue pour maître et Seigneur, et qu'on avait envoyé à ceux d'Amérique, et par quatriplicata, l'avis de l'avénement de V. M. au trône par l'abdication volontaire de son auguste père. M. Laforest poussa plus loin ses réflexions, sans s'attacher à la véritable question; entre autres choses il dit que l'Empereur ne pouvait se montrer indifférent

à

à un changement de Souverain dans un pays ami et allié, sachant que ce changement avait été provoqué par le peuple ou par la troupe; que les principes qui doivent unir des Etats confédérés exigeaient qu'un pareil exemple ne prévalût pas; que sa gloire était intéressée au rétablissement d'un Roi son ami, qui n'avait jamais cessé de se montrer son fidèle allié, et qui, comme tel, avait reçu ses troupes. De la discussion de tous ces points, et sur-tout de celle sur l'abdication, il fut déduit par les députés que, suivant que leurs adversaires le jugeaient convenable, ils regardaient le Roi Charles IV, tantôt comme agissant d'après sa volonté, tantôt comme obéissant à une influence étrangère, et que dans ce dernier cas ils jetaient toute la faute sur D. Emmanuel Godoy.

Les envoyés de la Junte ont cru s'apercevoir aux propos du Grand Duc, qu'on l'avait soulagé d'un grand poids en adoptant l'expédient proposé hier au soir, expédient qui, s'il ne remplissait pas du premier abord l'ordre de l'Empereur qu'il nous montrait comme positif, donnait du temps, et permettait d'attendre les effets d'un accord entre V. M., son auguste père et l'Empereur. S. A. I. répéta plusieurs fois que l'Espagne ne perdrait pas un seul village, que les priviléges des provinces n'éprouveraient aucun changement, que sa constitution serait améliorée, et qu'elle entrerait d'une manière plus active que jusqu'à ce jour dans le grand système de la confédération du midi.

Les envoyés ont plusieurs raisons de croire que ce système fédératif du midi est et a été le but principal de l'entrée et de la réunion des troupes françaises en Espagne, et que peut-être l'Empereur croit pouvoir le réaliser plus complètement en traitant avec l'auguste père de V. M.

La Junte croit devoir soumettre à V. M. les réflexions que contient cet écrit, et appelle principalement son attention sur ce qui concerne le système fédératif du midi.

Madrid, 17 avril 1808.

Sire:

Fr. Francisco Gil. = Gonzalo O-Farrill. = Sebastian Piñuela. = Miguel Joseph de Azanza.

NOTE VII.

Lettre de S. M. le Roi Charles IV à S. A. l'Infant Don Antonio.

« Mon cher frère : le 19 du mois passé, j'ai remis à mon fils un décret d'abdication. *Le même jour* (*a*) j'ai fait une protestation solennelle contre un décret rendu au milieu du tumulte, et forcé par des circonstances critiques. Aujourd'hui que la tranquillité est

---

(*a*) On copie cette expression telle qu'elle est dans la lettre, quoique la protestation paraisse avoir été signée le 21, comme on le verra bientôt.

rétablie ; que ma protestation est parvenue entre les mains de mon auguste ami et fidèle allié l'Empereur des Français et Roi d'Italie ; qu'il est notoire que mon fils n'a pu obtenir d'être reconnu sous ce titre, je déclare solennellement que l'acte d'abdication que j'ai signé le 19 du mois de mars dernier est nul sous tous les rapports. C'est pourquoi je veux que vous fassiez connaître à tous mes peuples que leur bon Roi, plein d'amour pour ses sujets, veut consacrer le reste de sa vie à travailler à leur bonheur. Je confirme provisoirement dans leurs emplois les membres qui composent actuellement la Junte de Gouvernement, et tous les employés civils et militaires nommés depuis le 19 du mois de mars dernier. Je me propose d'aller au-devant de mon auguste allié l'Empereur des Français et Roi d'Italie; après quoi je transmettrai mes derniers ordres à la Junte. »

San Lorenzo, 17 *avril* 1808. = MOI LE ROI.

L'acte de protestation dont il est question dans cette lettre, mais qui n'y était pas annexé, était conforme à celui qui fut publié plus tard, et dont nous donnons ici la copie.

Protestation du Roi Charles IV.

« Je proteste et déclare que mon décret du 19 mars, par lequel j'abdique la couronne en faveur de mon fils, est un acte auquel j'ai été forcé pour prévenir de plus grands malheurs, et l'effusion du sang de mes sujets bien-aimés. Il doit en conséquence être regardé comme de nulle valeur. »

Aranjuez, 21 mars 1808. = MOI LE ROI.

Le même jour Charles IV écrivit à l'Empereur, en lui remettant cette protestation, et implorant sa protection comme *seule capable de faire son bonheur, celui de toute sa famille et de ses fidèles et bien-aimés sujets.*

NOTE VIII.

La lettre du 18 avril, jour où S. M. sortit de Vittoria, fut publiée dans une gazette extraordinaire de Madrid du 22; celle qui fut adressée à la Junte le 20, jour de l'arrivée de S. M. à Bayonne, était conçue ainsi:

« Excellences. = Le Roi est arrivé heureusement
» dans cette ville aujourd'hui à midi, et peu d'ins-
» tans après son entrée, il a reçu la visite de l'Em-
» pereur des Français et Roi d'Italie. S. M. est des-
» cendue jusqu'à la porte de la rue, et lorsque les
» deux Souverains se sont rencontrés, ils se sont em-
» brassés, et ont monté ensemble l'escalier. S. M. I.
» est restée fort peu de temps, et aussitôt qu'elle a été
» de retour à sa maison de campagne, elle a envoyé
» un de ses aides de camp inviter à dîner S. M. notre
» Roi, qui s'est rendu chez l'Empereur à six heures
» du soir. S. M. I. est venue au-devant de lui jusqu'à

» la portière de la voiture, l'a de nouveau embrassé,
» et tous deux se tenant par la main ont monté l'es-
» calier. Lorsqu'ils se sont quittés, l'Empereur est
» redescendu, et a voulu que sa propre voiture ra-
» menât S. M. à son logement. Voilà tout ce qui
» s'est passé jusqu'au moment où j'écris, et ce que
» le Roi m'ordonne de faire savoir à S. A. l'Infant
» D. Antonio et à la Junte, pour qu'elle en ait con-
» naissance. »

« N'ayant pas reçu les dépêches qui ont dû partir
» de Madrid le 17, je n'ai rien à ajouter, si ce n'est
» que la santé du Roi et celle de S. A. l'Infant D. Car-
» los n'éprouvent aucune altération. Dieu garde
» VV. EE., etc. etc. »

Bayonne, 20 *avril* 1808. = PEDRO CEVALLOS.

P. S. « Cette lettre étant écrite, sont arrivées les
» dépêches du 17; et le Roi a reçu la lettre de S. A.
» l'Infant D. Antonio, ainsi que la représentation in-
» cluse. S. M. a pris connaissance de son contenu. »

« Je donne avis à la Junte que l'Empereur a en-
» voyé cette nuit le Prince de Neufchâtel recevoir
» de S. M. le mot d'ordre pour la place de Bayonne,
» et que malgré que le Roi s'y soit refusé, les ins-
» tances ont été telles, qu'il a dû céder et le donner
» en effet. *A MM. de la Junte de Gouvernement.* »

NOTE IX.

Lettre du Grand Duc de Berg à S. A. l'Infant D. Antonio.

« Monsieur et cousin : je viens d'être informé qu'il y a eu des émeutes populaires à Burgos et à Tolède, et que la populace soulevée par nos ennemis communs et par des misérables qui ne vivent que de crime et de pillage, s'est livrée à de grands désordres. A Burgos, l'intendant de la province a failli être victime de son zèle; il a dû la vie à un Français qui l'a arraché couvert de blessures des mains de ces forcenés. Son crime à leurs yeux était la probité avec laquelle il remplissait ses devoirs. Le général Merle s'est vu forcé de dissiper ce rassemblement à coups de fusil. Les plus mutins sont restés sur le champ de bataille, le reste a pris la fuite : cette mesure a rétabli la tranquillité, et arrêté la fureur populaire attisée par le désir de piller et d'incendier les maisons des plus riches propriétaires. »

« A Tolède on a tout récemment commis quelques pillages ; on a brûlé plusieurs maisons, et pour la seconde fois la force armée espagnole a laissé le champ libre à la fureur de la populace. »

« L'annonce d'une gazette extraordinaire qui devait être répandue à dix heures du soir, a occasionné hier un rassemblement dans cette ville. Tous les habitans de Madrid ont hautement crié contre cette annonce, et il a fallu que je connusse aussi parfaitement la pureté des intentions de tous les membres de la Junte de Gouvernement, pour ne pas me croire autorisé à penser qu'elle-même avait formé le projet de faire saccager la ville. »

« Je le déclare à V. A. R., l'Espagne ne peut rester plus long-temps livrée à une anarchie semblable ; l'armée que je commande ne peut, sans se déshonorer, laisser commettre de pareils attentats. Je dois sûreté et protection à tous les bons Espagnols; je le dois surtout à la bonne ville de Madrid, qui s'est acquis des droits éternels à notre reconnaissance par l'enthousiasme qu'elle a témoigné, et par la bonne réception que nous lui devons depuis notre entrée dans ses murs. Je dois par votre organe faire cesser toutes les inquiétudes, rassurer le propriétaire, le négociant et l'habitant paisible de toutes classes: je dois vous dire enfin, pour la dernière fois, que je ne peux permettre aucun rassemblement. Je ne verrai que des séditieux, ennemis de la France et de l'Espagne, dans les individus qui oseraient encore se réunir ou répandre l'alarme. Hâtez-vous donc d'annoncer à la capitale et à l'Espagne ma généreuse résolution, et si vous ne vous trouvez pas assez fort pour répondre de la tranquillité publique, je m'en chargerai plus directement. J'aime à croire que V. A. R., la Junte de Gouvernement et la nation Espagnole, applaudiront à cette détermination, et trouveront en elle une preuve nouvelle de mon estime et de mon désir constant de contribuer au bonheur de ce royaume. »

« Que les agens de l'Angleterre, que nos ennemis

communs perdent l'espoir d'armer l'une contre l'autre deux nations amies, si essentiellement unies par leurs intérêts réciproques ! Les bons Espagnols n'auroat pu se dispenser de voir dans l'attitude tranquille que j'ai constamment gardée, combien l'armée est loin de se laisser entraîner par de perfides suggestions, et que nous n'avons jamais confondu la partie saine de la nation avec de misérables intrigans. »

« Sur cela je prie Dieu, monsieur et cousin, qu'il vous ait en sa sainte et digne garde. = JOACHIM. » *Madrid*, 23 *avril* 1808 (Exposé de M. Cevallos).

NOTE X.

Nous avons trouvé par hasard dans le peu de papiers qui sont en notre pouvoir la minute originale de cette réponse. La première partie atteste la fermeté avec laquelle la Junte soutenait son caractère, en répondant aux reproches du Grand Duc; et le Conseil, ainsi que les lecteurs impartiaux, reconnaîtront dans la seconde, que la Junte, loin de *mettre des entraves à ce suprême tribunal*, soutenait son autorité, faisait l'apologie de sa conduite, et appuyait ses mesures. Combien de preuves semblables pourraient présenter Azanza et O-Farrill, s'ils écrivaient ce Mémoire en ayant sous leurs yeux les pièces qui sont restées à Madrid !

Lettre de l'Infant D. Antonio au Grand Duc de Berg.

« Mon cher cousin : j'ai différé jusqu'à aujourd'hui de répondre à la lettre de V. A. I. que j'ai reçue hier matin à onze heures, dans l'espoir de réunir de plus amples informations sur les événemens de Burgos et de Tolède, dont V. A. I. fait mention. »

« Je ne sais rien officiellement de ce qui s'est passé à Burgos, sans doute parce que, S. M. se trouvant plus près de cette ville, on lui aura adressé les rapports. On m'a seulement assuré que la détention d'un courrier espagnol par un détachement de troupes françaises, est ce qui a occasionné quelques désordres. S'il y a eu dans cette affaire les incidens dont on a informé V. A. I., je ne suis pas étonné de la facilité avec laquelle tout a été appaisé, et encore moins de l'asile protecteur que l'intendant paraît avoir trouvé dans la discipline et l'humanité du soldat français. Mais si la prudence de ses chefs eût pu empêcher l'effusion du peu de sang qui a coulé ; de quelle responsabilité ne se sont-ils pas chargés, au milieu d'un peuple qui les a reçus comme des amis et des alliés ? »

« Quant à l'affaire de Tolède, je suis bien instruit de ses détails et des motifs qui ont dû l'occasionner. L'intendant de cette ville, sur l'attestation des témoins les plus impartiaux et du plus haut rang, rapporte quel jour et dans quelle occasion l'adjudant-général français, Martial Thomas, a publié, avec les indices de la plus vive satisfaction, qu'il savait d'office que l'Empereur des Français était résolu à replacer Charles IV sur le trône, et que le Roi régnant avait déclaré ne l'avoir occupé par intérim, que pour éviter l'effusion du sang. M. Thomas a ajouté que son général en chef lui communiquait ces nouvelles pour qu'il les rendît publiques et les annonçât à tous ceux qu'il pourrait en informer. »

« Cette déclaration est confirmée par le témoignage du cardinal de Bourbon, archevêque de ladite ville, qui, avec sa franchise connue, exprime son étonnement d'un semblable procédé, et V. A. I. sait déjà dans combien d'autres lieux plusieurs généraux et officiers de son armée ont tenu le même langage. »

« Quoique l'Empereur n'ait pas reconnu mon Souverain, et se soit montré disposé et même résolu à replacer son auguste père sur le trône, V. A. I. ne sentira pas moins que la déclaration expresse et publique de la volonté de S. M. I. n'étant pas connue, et n'ayant même pas été signifiée par le seul organe qui pouvait la transmettre à la nation espagnole, c'est-à-dire, par son lieutenant en Espagne; les démarches spontanées de plusieurs de ses généraux, et la publication d'une déclaration si inattendue sont subversives de l'ordre public, et destructives du parfait accord qui existe entre les deux nations; accord auquel ajoutent un si grand prix la gloire de l'Empereur et la confiance qu'a inspiré à la nation entière le désir qu'il a manifesté de voir notre Souverain. »

« La distribution d'une seconde gazette extraordinaire avant-hier au soir n'avait pour but que de tranquilliser le plus possible les esprits ; cette intention patriotique n'a pas été trompée, malgré l'impatience avec laquelle on attend d'ordinaire un grand bien ; et assurément aucun Espagnol honnête, aucun étranger impartial n'a pu se tromper un seul instant, ni former le moindre doute sur la pureté des intentions de ceux qui gouvernent la nation. »

« Lorsque les détails des événemens de Burgos et de Tolède me seront parvenus, j'apprécierai leur importance et porterai sur eux un jugement sévère. Jusque-là V. A. I. est minutieusement informée du très-petit nombre de disgrâces et de différends survenus entre les troupes qu'elle commande et les habitans du royaume. La liste en est si peu considérable, que je suis persuadé que V. A., jugeant d'après l'expérience qu'elle a du commandement, en sera elle-même étonnée. Lorsque S. M. I. et R., réunissant à la connaissance de ces faits sa pénétration profonde et l'exactitude de ses calculs, supputera avec équité les subsistances que peuvent fournir les provinces les plus pauvres du royaume, le manque de bras pour augmenter les ressources, et celui des moyens de transport ; lorsqu'elle saura avec quelle ponctualité et avec quelle abondance ses troupes ont été pourvues, lorsqu'elle connaîtra la régularité et le bon ordre qui ont constamment régné dans ce service ; elle ne pourra pas en conclure que l'Espagne a été sans Gouvernement, et moins encore livrée à l'anarchie dans les circonstances critiques du moment où une armée de 50,000 hommes qui ne devait faire que passer par la capitale, l'occupe et l'entoure depuis plus d'un mois, sans reconnaître encore le Souverain et le chef du Gouvernement. »

« V. A. I. est un trop juste appréciateur de la vérité pour ne pas reconnaître dans toute son étendue la sincérité de ce rapport, lorsqu'elle saura que depuis quatre ou cinq ans les deux Castilles ont perdu, par les épidémies, la stérilité et les suites de la guerre avec l'Angleterre, plus d'un tiers de leur population, et en proportion les mules, bœufs, chevaux et autres animaux employés aux transports, aux charrois et au labourage; et qu'à cette époque récente et malheureuse, on y introduisit, soit du dehors, soit des autres provinces, près de 18,000,000 de fanégues de grains et farines de toute espèce. »

« A l'égard de tous les autres articles contenus dans la lettre précitée, la Junte de Gouvernement met son espoir dans la sagesse et les vues bienfaisantes qui dirigent toutes les opérations de V. A. I. La Junte, n'ayant jamais cessé d'en éprouver les effets, ne craint pas de la part de V. A. I. un ordre capable de détruire l'œuvre, si solidement cimentée, de la paix et de la conciliation. »

« Le suprême Conseil de Castille, dans sa proclamation d'hier, a renouvelé les peines établies si sagement par nos lois contre les séditieux, ceux qui affichent des placards ou répandent des pamphlets, et son zèle notoire s'étend même jusqu'à prévenir les réunions populaires les plus innocentes, telles que celle d'avant-hier au soir. »

« Ce même Conseil se plaint des inquiétudes et des désastres qu'ont pu occasionner, lorsque le peuple était tranquille, les procédés de quelques généraux français ; il assure et proteste à V. A. I. que ces causes étrangères une fois détruites, il trouvera plus de puissance qu'il n'en a besoin, pour assurer la tranquillité publique, et la rendre inaltérable, dans la confiance que la nation lui accorde, dans l'esprit excellent qui anime actuellement tous les Espagnols, et dans les mesures prudentes de leurs magistrats si ponctuellement obéis par tous les citoyens honnêtes ».

« La Junte de Gouvernement embrasse avec la même confiance les sentimens du Conseil, et a en outre en sa faveur, pour sa plus grande conviction, l'avantage d'avoir connu de plus près les intentions droites et bienveillantes de V. A. I. et la discipline admirable de ses troupes ».

J'ai l'honneur, etc. etc.

Palais de Madrid, le 24 avril 1808.

S. A. l'Infant D. Antonio remit en même temps à S. M. la copie de la lettre du Prince Murat et de cette réplique. La réponse du Roi, datée de Bayonne, le 28 avril, qui, ayant été interceptée, fut publiée dans le Moniteur du 15 février 1810, prouve combien il était satisfait du contenu de la lettre de la Junte, et conséquemment du zèle et de la fermeté des membres qui la composaient.

Lettre de S. M. le Roi Ferdinand VII à S. A. R. l'Infant, Président de la Junte.

« Mon cher Antoine : j'ai reçu ta lettre du 24, et j'ai lu la copie de celle de Murat et ta réponse : celle-ci est très-bien : je n'ai jamais douté de ta prudence et de ton attachement à ma personne, et ne sais comment t'en récompenser. »

NOTE XI.

Lettre de D. Gonzalo O-Farrill au Maréchal Moncey, Duc de Connégliano.

Monsieur le Maréchal :

« Je me trouve dans la nécessité de justifier ma conduite militaire et politique en Espagne lors de la dernière révolution par le récit de faits bien avérés, ou par des suffrages respectables. Je viens donc réclamer le témoignage de V. E. sur des événemens qui lui sont particulièrement connus. »

« Dans la malheureuse journée du 2 mai, et lorsqu'entendant les premiers coups de fusil dans l'intérieur de la ville de Madrid, j'accourus à cheval auprès de S. A. I. le Grand Duc de Berg, qui se trouvait à la tête d'une colonne de ses troupes, sur le chemin qui conduit de la porte Saint-Vincent au Palais, je représentai à S. A. que l'émeute de Madrid n'était qu'un mouvement populaire, sans accord, ni plan d'aucune espèce, que si S. A. voulait faire cesser la marche et le feu de ses troupes, je m'engageais avec mon collègue, M. d'Azanza, à calmer les esprits et à faire rentrer les habitans chez eux, pourvu que nous fussions accompagnés d'un des généraux français et de quelques officiers seulement. V. E., qui se trouvait à cheval auprès du Grand Duc, s'offrit de suite à rendre ce service à l'humanité. S. A., en vous remerciant, vous ordonna d'envoyer le chef de votre état-major, M. le général Harispe, qui en effet se rendit, avec M. d'Azanza et moi, et suivi de quelques officiers français et espagnols, à la porte du Conseil de Castille. »

« Après avoir obtenu de ce tribunal que ses magistrats se joignissent à nous, ainsi que ceux du Conseil suprême de la guerre, et après nous être partagés en deux sections, nous parcourûmes les rues de Madrid, où, publiant une amnistie, et faisant cesser le feu des troupes, nous parvînmes à calmer tout le monde. »

« M. le général Harispe, en vous rendant compte de l'heureux et complet résultat de sa mission, aura peut-être instruit V. E. de la manière dont il m'avait secondé auprès d'un général français qui se trouvait avec sa troupe dans la rue d'Alcala, et qui consentit à relâcher, à ma demande, un grand nombre de trafiquans catalans, arrêtés lors de l'émeute. Le général Harispe, avec la franchise et la droiture qui le distinguent, se chargea d'obtenir l'approbation du Grand Duc. »

« Quelles que fussent les causes qui avaient irrité les esprits au point de les porter à un mouvement aussi extraordinaire, et quelles que soient aussi les conséquences et l'influence qu'on attribue à cet événement, nous devons nous féliciter, mon collègue et moi, d'avoir été dans le cas de rendre un vrai service aux habitans de Madrid, et conséquemment à l'humanité. V. E. jugera si l'armée même ne dut pas applaudir au résultat obtenu. Nous avions l'ordre du Roi Ferdinand de la recevoir et traiter comme alliée, et il n'y a ni ne peut y avoir de bonheur que dans la conservation du respect aux maximes de l'honneur et de la loyauté. »

« Agréez, M. le Maréchal, l'assurance de la haute considération avec laquelle j'ai l'honneur d'être, etc.

Paris, 28 août 1814.

Réponse du Maréchal Moncey.

Monsieur le Général :

« J'ai reçu la lettre que vous m'avez fait l'honneur de m'adresser, et dont l'objet est de réclamer mon témoignage sur des faits qui vous sont personnels dans la journée du 2 mai, à Madrid. »

« Vous rappelez que dès l'origine de l'émeute et aux premiers coups de fusil dans l'intérieur de la ville, vous vîntes au devant du Grand Duc de Berg, qui se trouvait à la tête d'une colonne de troupes

sur

sur le chemin de la porte de Saint-Vincent au Palais, et que vous lui offrîtes, s'il voulait faire cesser le feu, d'employer votre influence, de concert avec M. d'Azanza, pour calmer les esprits et faire rentrer chez eux les habitans, pourvu que vous fûssiez accompagnés, l'un et l'autre, de l'un des généraux français et de quelques officiers seulement; que M. le général Harispe, mon chef d'état-major, reçut ordre de vous accompagner, et que, suivis de quelques officiers français et espagnols, vous vous rendîtes tous trois à la porte du Palais du Conseil de Castille; qu'après avoir obtenu du Conseil de Castille que ses magistrats se joignissent à vous, ainsi que ceux du Conseil suprême et de la guerre, vous parcourûtes les rues de Madrid, où, en publiant une amnistie générale, et en faisant cesser le feu des soldats, vous parvîntes à arrêter les suites désastreuses de cette journée; enfin qu'à votre sollicitation un général français, qui se trouvait avec sa troupe dans la rue d'Alcala, consentit à relâcher un grand nombre de paysans catalans arrêtés pendant l'émeute. »

» Ces faits, M. le général, étant parfaitement conformes aux comptes qui en ont été rendus le jour même par le général Harispe, je satisfais avec plaisir à la demande que vous me faites de les attester, et j'ajouterai même que, dans cette circonstance difficile où il n'était pas sans danger pour vous de manifester une opinion qui pouvait exciter la défiance de l'autorité française, vous avez donné les preuves des sentimens les plus nobles et les plus dévoués à la conservation et à l'intérêt des habitans de la ville de Madrid. »

« Agréez, je vous prie, M. le général, l'assurance de ma haute considération. »

Paris, 3 octobre 1814.

NOTE XII.

Lettre de S. A. l'Infant D. Antonio à la Junte de Gouvernement.

Au Sieur Gil.

« Je fais savoir à la Junte, pour sa règle, que je suis parti pour Bayonne par ordre du Roi, et je préviens ladite Junte qu'elle ait à se maintenir sur le même pied que si j'étais au milieu d'elle. Dieu nous soit en aide ! Adieu, Messieurs, jusqu'à la vallée de Josaphat. = ANTONIO PASQUAL. »

NOTE XIII.

Lettre de D. Pedro Cevallos à D. Miguel Joseph de Azanza.

Bayonne, 27 avril 1808.

« Mon cher collègue et ami : des promesses et des assurances, auxquelles je n'ai jamais ajouté foi, ont entraîné le Roi jusque dans cette ville, contre mon opinion. »

« A peine S. M. avait secoué la poussière du voyage, lorsque le général Savary est venu nous surprendre en nous annonçant que l'Empereur avait décidé irrévocablement que la dynastie des Bourbons ne régnerait plus en Espagne, et résolu de lui substituer la sienne, en mettant la couronne sur la tête d'un de ses frères. Ni cette ouverture, ni ces promesses n'ont été faites par mon intermédiaire, attendu que depuis Madrid les Français ont fait connaître qu'ils ne voulaient pas traiter avec moi, motif qui, joint à plusieurs autres, m'a engagé à renoncer plus d'une fois à mon emploi; mais je n'ai jamais pu obtenir que S. M. acceptât ma démission. »

« Le Roi voulant agir avec toute la circonspection qu'exige une affaire de si grande importance, a rassemblé près de lui les personnages les plus marquans de sa suite. S. M. m'a ordonné de parler le premier; j'ai obéi, et j'ai dit tout ce que doit dire un ministre qui connaît ses devoirs, qui aime son Roi et sa patrie; qui pardessus tout tient à sa réputation, et est résolu à tout sacrifier plutôt que de la ternir. J'ai conclu par le vote que voici :

» L'Empereur demande que les individus de la suite du Roi discutent la proposition suivante; savoir : que S. M. renonce en son nom et à celui de toute sa dynastie à la couronne d'Espagne, en faveur de la dynastie régnante en France, recevant en compensation le royaume de Toscane. »

» Le soussigné est d'avis qu'on doit répondre, pour ce qui regarde les individus de la suite du Roi : qu'ils ne sont nullement autorisés à délibérer, et bien moins encore à donner une décision sur la matière la plus grave et la plus importante que puisse offrir la diplomatie. »

« Et quant au Roi : qu'une affaire de cette nature ne peut être abandonnée à des conférences verbales susceptibles de mal-entendus ; et que, pour les éviter, S. M. veut que l'Empereur fasse mettre par écrit ses propositions. Elle croit flatter par cette réponse la droiture qui caractérise son allié intime, et ne pas s'écarter de la circonspection et de la gravité que S. M. I. exige dans des négociations d'un si grand intérêt. »

« Cette opinion a été adoptée à l'unanimité dans la séance d'avant-hier, et jusqu'à présent l'Empereur n'a pas envoyé ses propositions par écrit. »

« Dans le cas où S. M. I. les remettrait, j'ai déjà déclaré mon opinion. Les droits du Roi, de sa dynastie et de la nation Espagnole n'éprouveront pas, si elle est adoptée, la plus légère atteinte. Voilà où nous en sommes pour le moment. Je n'entre pas dans les détails, parce que le temps me manque, et que du reste vous vous les figurerez sans que j'aie besoin de vous les dire. »

« Ce que je désire, c'est que vous et la Junte soyez instruits, sous le secret, de ce qui se passe, et que vous fassiez usage de ces communications lorsque vous verrez que la nation et mon honneur réclameront leur publication. »

« C'est pour un semblable motif que je vous recommande ma malheureuse épouse et mes chères filles. Vous êtes père (*a*), et vous jugerez des tourmens auxquels mon cœur est en proie dans ce moment. Dieu vous garde. — Votre très-affectionné collègue et assuré serviteur qui vous baise les mains. —PEDRO CEVALLOS. — A S. Exc. Mr D. Miguel Joseph de Azanza. »

NOTE XIV.

« M. Cevallos dit dans son Exposé : *que l'on doit croire que sans doute la force irrésistible du représentant de l'Empereur à Madrid empêcha la Junte d'avoir égard à l'abandon où se trouvait le royaume, et d'en arrêter les conséquences en érigeant une Junte de régence dans un lieu sûr et hors de la portée des baïonnettes ennemies ; que le Roi fut étonné qu'on ne lui eût pas annoncé par le premier courrier qu'on avait pris une détermination aussi nécessaire, ce qui l'obligea à expédier un ordre Royal pour qu'on eût à exécuter tout ce qui importait au service du Roi et du royaume, et qu'on mît en usage pour cet effet toutes les facultés que S. M. déploierait si elle se trouvait dans l'intérieur de ses Etats.* M. Cevallos ajoute : *que le courrier de cabinet porteur de cet ordre Royal fut intercepté, et qu'en conséquence il expédia un duplicata que la Junte reçut.* Ce que

---

(*a*) Azanza avait alors auprès de lui son neveu, et vraisemblablement M. Cevallos aura cru que c'était un fils.

nous avons exposé dans notre Mémoire démontre l'injustice de cette accusation. Aucun des ordres reçus par la Junte ne pouvait l'autoriser à se convertir en Junte de régence. Dans cette persuasion elle fit les propositions rapportées page 45 ; lorsqu'elles parvinrent à S. M. le 4 mai, il n'y avait que quatorze jours qu'elle était à Bayonne. Si la Junte, à la distance où elle était de Bayonne, put connaître et dévoiler l'état de crise qui menaçait imminemment le royaume, proposa et soumit les mesures qu'elle croyait devoir être adoptées, comment se fit-il que le Conseil qui entourait le Roi à Bayonne, qui voyait de plus près, qui connaissait mieux qu'elle cet état alarmant et devait en mesurer les dangers, ne proposât pas à S. M. de prendre cette détermination décisive, la seule capable de tracer à la nation une direction sûre. On verra dans la troisième époque les résultats de cette proposition de la part de la Junte.

NOTE XV.

Décret de S. M. le Roi Charles IV.

« Ayant jugé convenable de donner une même direction à toutes les forces de notre royaume, afin de maintenir la sûreté des propriétés et la tranquillité publique contre les ennemis, soit de l'intérieur, soit de l'extérieur, nous avons jugé à propos de nommer lieutenant-général du royaume notre cousin le Grand

Duc de Berg, qui commande en même temps les troupes de notre allié l'Empereur des Français.»

» Nous ordonnons au Conseil de Castille, aux capitaines-généraux et gouverneurs de nos provinces d'obéir à ses ordres, et en ladite qualité il présidera la Junte de Gouvernement. »

» Donné à Bayonne, au Palais Impérial dit du Gouvernement, le 4 mai 1808. ⸺ MOI LE ROI. »

NOTE XVI.

Copie du traité entre l'Empereur des Français et S. M. le Roi Charles IV.

Napoléon, Empereur des Français, Roi d'Italie, Protecteur de la Confédération du Rhin;

Et Charles IV, Roi des Espagnes et des Indes, animés d'un égal désir de mettre promptement un terme à l'anarchie à laquelle est en proie l'Espagne, de sauver cette brave nation des agitations des factions, voulant lui épargner toutes les convulsions de la guerre civile et étrangère, et la placer sans secousses dans la seule position qui, dans la circonstance extraordinaire où elle se trouve, puisse maintenir son intégrité, lui garantir ses colonies, et la mettre à même de réunir tous ses moyens à ceux de la France, pour arriver à une paix maritime, ont résolu de réunir tous leurs efforts, et de régler dans une convention particulière de si chers intérêts. A cet effet ils ont nommé, savoir :

S. M. l'Empereur des Français, Roi d'Italie, Protecteur de la Confédération du Rhin,

M. le général de division Duroc, grand maréchal du palais;

Et S. M. le Roi des Espagnes et des Indes,

S. A. S. Don Manuel Godoy, Prince de la Paix, Comte de Evora Monti.

Lesquels, après avoir échangé leurs pleins pouvoirs, sont convenus de ce qui suit.

ART. 1.er

S. M. Charles IV n'ayant eu en vue toute sa vie que le bonheur de ses sujets, et constant dans le principe que tous les actes d'un Souverain ne doivent être faits que pour arriver à ce but; les circonstances actuelles ne pouvant être qu'une source de dissensions d'autant plus funestes, que les factions ont divisé sa propre famille, a résolu de céder, comme il cède par le présent, à S. M. l'Empereur Napoléon tous ses droits sur le trône des Espagnes et des Indes, comme le seul qui, au point où en sont arrivées les choses, peut rétablir l'ordre; entendant que ladite cession n'ait lieu qu'afin de faire jouir ses sujets des deux conditions suivantes:

ART. 2.

1°. L'intégrité du royaume sera maintenue; le Prince que S. M. l'Empereur Napoléon jugera devoir placer sur le trône d'Espagne sera indépendant, et les limites d'Espagne ne souffriront aucune altération.

2.º La religion catholique, apostolique et romaine sera la seule en Espagne; il ne pourra y être toléré aucune religion réformée et encore moins infidèle, suivant l'usage établi aujourd'hui.

ART. 3.

Tous actes faits contre ceux de nos fidèles sujets, depuis la révolution d'Aranjuez, sont nuls et de nulle valeur, et leurs propriétés leur seront rendues.

ART. 4.

S. M. le Roi Charles, ayant ainsi assuré la prospérité, l'intégrité et l'indépendance de ses sujets, S. M. l'Empereur s'engage à donner réfuge dans ses États au Roi Charles, à la Reine, à sa Famille, au Prince de la Paix, ainsi qu'à ceux de leurs serviteurs qui voudront les suivre, lesquels jouiront en France d'un rang équivalent à celui qu'ils possédaient en Espagne.

ART. 5.

Le Palais Impérial de Compiègne, les parcs et forêts qui en dépendent, seront à la disposition du Roi Charles, sa vie durant.

ART. 6.

S. M. l'Empereur donne et garantit à S. M. le Roi Charles une liste civile de trente millions de réaux que S. M. l'Empereur Napoléon lui fera payer directement tous les mois par le trésor de la couronne.

A la mort du Roi Charles, deux millions de revenus formeront le douaire de la Reine.

ART. 7.

S. M. l'Empereur Napoléon s'engage à accorder à tous les Infans d'Espagne une rente annuelle de 400,000 francs, pour en jouir à perpétuité eux et leurs descendans, sauf la reversibilité de ladite rente d'une branche à l'autre, en cas de l'extinction de l'une d'elles, et en suivant les lois civiles. En cas d'extinction de toutes les branches, lesdites rentes seront reversibles à la couronne de France.

ART. 8.

S. M. l'Empereur Napoléon fera tel arrangement qu'il jugera convenable avec le futur Roi d'Espagne, pour le paiement de la liste civile et des rentes comprises dans l'article précédent; mais S. M. le Roi Charles IV n'entend avoir de relation pour cet objet qu'avec le trésor de France.

ART. 9.

S. M. l'Empereur Napoléon donne en échange à S. M. le Roi Charles le château de Chambord, avec les parcs, forêts et fermes qui en dépendent, pour en jouir en toute propriété et en disposer comme bon lui semblera.

ART. 10.

En conséquence, S. M. le Roi Charles renonce, en faveur de S. M. l'Empereur Napoléon, à toutes les propriétés allodiales et particulières non appartenantes à la couronne d'Espagne, mais qu'il possède en propre.

Les Infans d'Espagne continueront à jouir du revenu des commanderies qu'ils possèdent en Espagne.

ART. 11.

La présente convention sera ratifiée, et les ratifications en seront échangées dans huit jours, ou le plutôt qu'il sera possible.

Fait à Bayonne, le 5 mai 1808.

Le Prince de la Paix. = Duroc. (*Moniteur du 5 février* 1810.)

NOTE XVII.

Cette cause est la seule dont il soit fait mention dans le traité. Elle se rapproche beaucoup de celle qui est alléguée dans le décret expédié à Bayonne par le même Souverain, adressé aux Conseils de Castille et de l'inquisition, pour leur donner connaissance de cet acte, et qui est ainsi conçu: «Dans ces circonstances ex-
» traordinaires, nous avons voulu donner une nouvelle
» preuve de notre amour à nos bien-aimés sujets, dont
» le bonheur a été pendant tout notre règne le cons-
» tant objet de nos sollicitudes ; nous avons cédé tous
» nos droits sur les Espagnes à notre allié et ami l'Em-
» pereur des Français, par un traité signé et ratifié, en
» stipulant l'intégrité et l'indépendance des Espagnes,
» et la conservation de notre sainte religion, non seu-
» lement comme dominante, mais comme seule tolé-
» rée en Espagne. »

« Nous avons en conséquence jugé convenable de

» vous écrire la présente pour que vous ayez à vous y
» conformer, à la faire connaître et à seconder de tous
» vos moyens l'Empereur Napoléon. Montrez la plus
» grande union et amitié avec les Français, et sur-tout
» portez tous vos soins à garantir les royaumes de toute
» rebellion et émeute. »

« Dans la nouvelle position où nous allons nous
» trouver, nous fixerons souvent nos regards sur vous,
» et nous serons heureux de vous savoir tranquilles et
» contens. »

« Donné au Palais Impérial dit du Gouvernement,
» le 8 mai 1808. = MOI LE ROI. (*Moniteur du* 16
mai 1808.)

NOTE XVIII.

Copie du traité entre le Prince des Asturies et l'Empereur des Français.

S. M. l'Empereur des Français, Roi d'Italie, Protecteur de la Confédération du Rhin, et S. A. R. le Prince des Asturies, ayant des différends à régler, ont nommé pour leurs plénipotentiaires, savoir :

S. M. l'Empereur des Français, Roi d'Italie, M. le général de division Duroc, grand maréchal du Palais ;

Et S. A. R. le Prince des Asturies, D. Juan de Escoïquiz, conseiller d'État de S. M. C., chevalier grand'-croix de l'ordre de Charles III.

Lesquels, après avoir échangé leurs pleins pouvoirs, sont convenus des articles suivans :

ART. 1.er

S. A. R. le Prince des Asturies adhère à la cession faite par le Roi Charles de ses droits au trône d'Espagne et des Indes en faveur de S. M. l'Empereur des Français, Roi d'Italie; et renonce, autant que besoin, aux droits qui lui sont acquis, comme Prince des Asturies, à la couronne des Espagnes et des Indes.

ART. 2.

S. M. l'Empereur des Français, Roi d'Italie, accorde en France, à S. A. R. le Prince des Asturies, le titre d'Altesse Royale, avec tous les honneurs et prérogatives dont jouissent les Princes de son sang.

Les descendans de S. A. R. le Prince des Asturies conserveront le titre de Prince, celui d'Altesse Sérénissime, et auront toujours le même rang, en France, que les Princes dignitaires de l'Empire.

ART. 3.

S. M. l'Empereur des Français, Roi d'Italie, cède et donne par les présentes en toute propriété à S. A. R. le Prince des Asturies et à ses descendans, les palais, parcs, fermes de Navarre, et les bois qui en dépendent, jusqu'à la concurrence de 50,000 arpens, le tout dégrevé d'hypothèques, et pour en jouir, en toute propriété, à dater de la signature du présent traité.

ART. 4.

Ladite propriété passera aux enfans et héritiers de S. A. R. le Prince des Asturies; à leur défaut, aux enfans et héritiers de l'Infant D. Carlos; à défaut de ceux-ci, aux descendans et héritiers de l'Infant D. Francisco; et enfin, à leur défaut, aux enfans et héritiers de l'Infant D. Antonio. Il sera expédié des lettres patentes et particulières du Prince à celui de ces héritiers auquel reviendra ladite propriété.

ART. 5.

S. M. l'Empereur des Français, Roi d'Italie, accorde à S. A. R. le Prince des Asturies quatre cent mille francs de rente apanagère sur le trésor de France, et payables par douzième chaque mois, pour en jouir lui et ses descendans; et venant à manquer la descendance directe de S. A. R. le Prince des Asturies, cette rente apanagère passera à l'Infant D. Carlos, à ses enfans et héritiers; et à leur défaut, à l'Infant D. Francisco, à ses descendans et héritiers.

ART. 6.

Indépendamment de ce qui est stipulé dans les articles précédens, S. M. l'Empereur des Français, Roi d'Italie, accorde à S. A. R. le Prince des Asturies une rente de six cent mille francs également sur le trésor de France, pour en jouir sa vie durant. La moitié de ladite rente sera reversible sur la tête de la Princesse son épouse, si elle lui survit.

ART. 7.

S. M. l'Empereur des Français, Roi d'Italie, accorde et garantit aux Infans D. Antonio, oncle de S. A. R. le Prince des Asturies, D. Carlos et D. Francisco, frères dudit Prince:

1.º Le titre d'Altesse Royale, avec tous les honneurs et prérogatives dont jouissent les Princes de son sang; les descendans de LL. AA. RR. conserveront le titre de Prince, celui d'Altesse Sérénissime, et auront toujours en France le même rang que les Princes dignitaires de l'Empire;

2.º La jouissance du revenu de toutes leurs commanderies en Espagne, leur vie durant;

3.º Une rente apanagère de quatre cent mille francs pour en jouir eux et leurs héritiers à perpétuité, entendant S. M. I. que les Infans D. Antonio, D. Carlos et D. Francisco venant à mourir sans laisser d'héritiers, ou leur postérité venant à s'éteindre, lesdites rentes apanagères apartiendront à S. A. R. le Prince des Asturies, ou à ses descendans et héritiers; le tout aux conditions que LL. AA. RR. D. Carlos, D. Antonio et D. Francisco adhèrent au présent traité.

ART. 8.

» Le présent traité sera ratifié, et les ratifications en seront échangées dans huit jours, ou plutôt si faire se peut.

Bayonne, le 10 mai 1818. = DUROC. = JUAN DE ESCOÏQUIZ (*Voyez les Moniteurs du 18 juin 1808 et du 5 février 1810*).

NOTE XIX.

Proclamation adressée aux Espagnols, en conséquence du traité de Bayonne, par le Prince des Asturies et les deux Infans D. Carlos et D. Antonio.

» D. Ferdinand, Prince des Asturies, et les Infans D. Carlos et D. Antonio, sensibles à l'attachement et à la fidélité constante que leur ont témoignés tous les Espagnols, les voient avec la plus grande douleur au moment d'être submergés dans un abîme de désordres, et menacés des extrêmes calamités qui en seraient la suite ; et sachant qu'elles proviendraient en grande partie de l'ignorance dans laquelle ils sont, soit des motifs de la conduite que LL. AA. ont tenue jusqu'ici, soit des plans déjà tracés pour le bonheur de leur patrie, ils ne peuvent se dispenser de chercher à les détromper par les salutaires avis qui leur sont nécessaires pour ne pas entraver l'exécution de ces plans, et en même temps de leur donner le plus cher témoignage de l'affection qu'ils ont pour eux. »

» Ils ne peuvent en conséquence s'empêcher de leur faire connaître que les circonstances dans lesquelles le Prince prit les rênes du Gouvernement, à la suite de l'abdication du Roi son père ; l'occupation de plusieurs provinces du royaume et de toutes les places frontières par un grand nombre de troupes françaises; la présence de plus de 60,000 hommes de la même nation dans la capitale et dans les environs, enfin beaucoup

beaucoup de données que d'autres personnes ne pouvaient avoir leur persuadèrent qu'étant entourés d'écueils , ils n'avaient plus que la liberté de choisir, entre plusieurs partis, celui qui produirait le moins de maux, et qu'ils choisirent comme tel celui d'aller à Bayonne. »

» Après l'arrivée de LL. AA. RR. à Bayonne, le Prince, alors Roi, apprit inopinément la nouvelle que le Roi son père avait protesté contre son abdication, prétendant qu'elle n'avait pas été volontaire. Le Prince n'ayant accepté la couronne que dans la persuasion que l'abdication était libre, fut à peine assuré de l'existence de cette protestation, que son respect filial le détermina à rendre le trône ; et peu après le Roi son père y renonça en son nom et au nom de toute sa dynastie en faveur de l'Empereur des Français, afin qu'ayant en vue le bien de la nation, l'Empereur choisît la personne et la dynastie qui devait l'occuper à l'avenir. »

» Dans cet état de choses, LL. AA. RR. considérant la situation dans laquelle elles se trouvent et les circonstances critiques où l'Espagne est placée ; considérant que, dans ces circonstances, tout effort de ses habitans à l'appui de leurs droits serait non seulement inutile, mais funeste, et qu'il ne servirait qu'à faire répandre des ruisseaux de sang, à assurer la perte tout au moins d'une grande partie de ses provinces et celles de toutes ses colonies d'outre-mer; s'étant d'ailleurs convaincus que le moyen le plus efficace pour éviter de tels maux serait que chacune de LL. AA. RR.

consentît en son nom et en tout ce qui lui appartient à la cession de ses droits au trône, cession déjà faite par le Roi leur père :

» Réfléchissant également que S. M. l'Empereur des Français s'oblige, dans cette supposition, à conserver l'indépendance absolue et l'intégrité de la monarchie espagnole, ainsi que de toutes ses colonies d'outre-mer, sans se réserver ni démembrer la moindre partie de ses domaines; qu'elle s'oblige à maintenir l'unité de la religion catholique, les propriétés, les lois, les usages; ce qui assure pour long-temps et d'une manière incontestable la puissance et la prospérité de la nation Espagnole; LL. AA. croient donner la plus grande preuve de leur générosité, de l'amour qu'elles lui portent, et de l'empressement à suivre les mouvemens de l'affection qu'elles lui doivent, en sacrifiant, en tant qu'il leur appartient, leurs intérêts propres et personnels à l'avantage de cette nation, et en adhérant par cet acte, comme ils ont adhéré par une convention particulière, à la cession de leurs droits au trône. »

» Elles délient en conséquence les Espagnols de leurs obligations à leur égard, et les exhortent à avoir en vue les intérêts communs de la patrie, en se tenant paisibles, en espérant leur bonheur des sages dispositions et de la puissance de l'Empereur Napoléon. Par leur empressement à se conformer à ces dispositions, les Espagnols doivent croire qu'ils donneront à leur Prince et aux deux Infans le plus grand témoignage de leur loyauté, comme aussi LL. AA. RR. leur donnent le plus grand témoignage de leur tendresse paternelle, en cédant tous leurs droits, et en oubliant leurs propres intérêts pour les rendre heureux ; ce qui est l'unique objet de leurs désirs. »

Bordeaux, 12 *mai* 1808.

M. Escoïquiz, conseiller d'Etat, a déclaré dans son écrit intitulé : *Tableau sincère des raisons qui motivèrent le voyage du Roi Ferdinand VII à Bayonne*, qu'il était le rédacteur de cette proclamation, et ne pense pas comme nous sur le sens qu'elle présente. Sans entrer en discussion sur cela, nous nous contentons de la mettre sous les yeux de nos lecteurs. Son auteur n'a pu jusqu'à aujourd'hui faire connaître l'intention qu'il avait en l'écrivant, et nous croyons, puisqu'il le dit, qu'elle serait telle qu'il nous l'annonce. Nous nous bornerons à dire que son contenu est le même que celui que S. M., sans avoir recours à ce langage mystérieux, avait adressé à la Junte, dans sa lettre du 6 à S. A. l'Infant D. Antonio : « Je » vous recommande de ne pas vous laisser séduire par »·les suggestions de nos ennemis, de vivre unis entre » vous et avec nos alliés, d'éviter l'effusion de sang et » les malheurs qui seraient le résultat des circons- » tances actuelles, dans le cas où vous vous laisseriez » entraîner par l'esprit de vertige et de désunion. » S. M. Charles IV répéta constamment la même chose dans ses décrets adressés à la Junte et aux conseils. Il en faudrait conclure que les deux Souverains étaient d'accord à tout écrire dans le sens que donne le Sieur

Escoïquiz à la proclamation de Burgos, puisqu'elle n'est qu'une répétition amplifiée des recommandations qu'on avait toujours faites à la nation de se maintenir soumise et paisible.

NOTE XX.

M. le Comte de Laforest, ex-ambassadeur en Espagne, atteste la vérité de ce qui vient d'être dit, dans la lettre suivante qu'il nous a adressée.

Château de Frechines, le 19 septembre 1814.

« Messieurs. = Je reçois à mon retour d'une excursion que je viens de faire la lettre que vous m'avez fait l'honneur de m'écrire le 2 de ce mois. Personne ne partage plus vivement que moi les chagrins que vous éprouvez au sujet des erreurs dont le public espagnol a été imbu sur plusieurs hommes d'Etat au rang desquels vous vous trouvez ; mais considérez que les passions cherchent habituellement à se satisfaire, et que si la vérité leur importe peu, le temps qui les use à la longue ramène toujours la justice. Je fais des vœux sincères pour que VV. EE. et ceux qui ont envisagé sous le même point de vue des circonstances singulièrement critiques, jouissent le plus promptement possible de ce résultat ordinaire des choses humaines. Il n'y a pas d'occasion que je n'aie saisie, et que je ne sois empressé de saisir, pour rendre hommage à la pureté de principes et aux sentimens patriotiques que vous avez manifestés du moment où la crise d'Espagne a été entrevue. VV. EE. ont représenté directement au Prince, alors Grand Duc de Berg, et m'ont plusieurs fois prié de lui représenter, que le seul moyen propre à faire connaître les dispositions de la nation Espagnole était la réunion des Cortès du royaume. Je ne vous ai vus occupés l'un et l'autre qu'à sauver la monarchie, dès qu'il vous fut démontré que vous ne pouviez plus influer sur les destinées de ses légitimes Souverains. Les personnages qui ont été successivement vos collègues dans le ministère de cinq ans et demi que vous avez eu le courage d'exercer, n'ont pas moins acquis mon estime par une égale sollicitude pour le bien-être de votre pays, par une opposition soutenue à tout ce qui paraissait menacer l'indépendance et l'intégrité du territoire ; par de continuels efforts pour diminuer autant que possible les maux de la guerre. Que ces souvenirs vous consolent tous ! Les affaires d'Espagne pouvaient de plusieurs manières revenir au point où elles sont, et il vous reste la satisfaction de vous être tenus dans la ligne qui aurait dû probablement entraîner le moins de convulsions, par conséquent conserver plus de puissance relative dans votre patrie. Ceux qui ont suivi une route différente ont agi aussi très-honorablement ; mais ils ne pouvaient pas avoir cette dernière espérance, et compromettaient davantage les intérêts locaux. Tranchons le mot ; en effet, le gigantesque édifice de la force devait crouler un peu plutôt ou un peu plus tard, et les nations qui ont souffert le moins de déchiremens sont celles qui ont attendu pour se déclarer qu'il y eût une coalition et un but généralement déterminés; aussi l'Espagne est-elle le pays d'Europe qui ait le plus de plaies à cicatriser. Voilà ce que vous vouliez éviter, et le seul regret en vérité qui soit digne de vous.

» Je prie VV. EE. d'agréer l'assurance de ma haute considération. ═ Le Comte de LAFOREST. »

NOTE XXI.

Le Conseil, dans son manifeste, page 51, rapporte que *le 22 mai, se présentèrent à sa séance MM. le Marquis Caballero, D. Gonzalo O-Farrill et D. Bernardo de Iriarte.... qu'ils exposèrent que le Roi Charles IV avait transmis la couronne d'Espagne à l'Empereur des Français, et que celui-ci avait pris la détermination de la céder à son frère, le Roi de Naples; que, partant de ce principe, les deux premiers pérorèrent longuement pour persuader au Conseil que, puisqu'on ne pouvait se dispenser d'obéir aux volontés de l'Empereur, il rendrait le plus grand service à la nation, si, s'associant à la Junte de Gouvernement et adoptant sa décision, il allait, par sa demande, au devant de ce que l'on assurait être irrévocable.*

Le Conseil ajoute *qu'il n'était pas facile de discerner, ce qui causa le plus de surprise, lorsque le premier moment de trouble fut passé, de la nouvelle inattendue de la cession du Roi Charles, si opposée à l'idée que l'on se formait de l'état de cette négociation, et si contraire aux règles de la justice et de la raison ; ou de voir que des Espagnols et des sujets si favorisés, qui, lors même qu'elle eût été déjà réalisée et qu'ils eussent été dans l'impossibilité de s'y opposer, auraient dû au moins exprimer avec l'accent de la douleur leur absolue désapprobation, eussent pu concevoir et adopter la pensée de la prévenir par une démarche qui aurait pour but de la préparer ou de lui donner une couleur favorable.*

O-Farrill et ses collègues, envoyés par la Junte pour communiquer au Conseil les renonciations de Bayonne, n'ont pas conservé une note exacte de ce qu'ils dirent dans la séance citée par le Conseil, mais ils se souviennent fort bien que jamais il ne leur vint à l'esprit d'entrer en discussion sur *la légalité des transactions de Bayonne*, et encore moins *de justifier ni de colorer les démarches* qui devaient préparer ou effectuer leur exécution. Ils durent, il est vrai, représenter comme inévitable l'alternative de la soumission aux traités de Bayonne, ou de la ruine de la monarchie, celle de demander pour Souverain le frère aîné de Napoléon, ou de laisser celui-ci maître de choisir celui qu'il voudrait, celui qui conviendrait le mieux à sa politique ou à son ambition. Tels étaient les sentimens de la Junte, eu égard à la seule chose que l'Empereur exigeait alors; c'est-à-dire, le choix d'un de ses frères pour le trône d'Espagne, et tel fut l'objet pour lequel la Junte envoya ses députés au Conseil, et ceux-ci ne dépassèrent pas les ordres qu'ils avaient reçus d'elle.

Si le Conseil eût assisté aux séances de la Junte, lorsqu'on y lut pour la première fois les actes de renonciation, il eût connu l'impression que firent sur l'esprit de ses membres les mesures violentes qui avaient pu les arracher ; les inconvéniens qu'ils voyaient naître de leur acceptation, et les plans qu'ils proposèrent pour les éviter; mais voyant qu'on rejetait toutes leurs mesures, ils craignirent d'occasionner de plus grands malheurs, en ne persistant pas dans une résignation, trop douloureuse sans doute, mais impérieusement dictée par les circonstances où se voyait la nation. Loin de nous l'intention d'enlever au Conseil le mérite d'avoir montré une répugnance constante à accéder à des choses qu'il n'approuvait pas ; mais pouvait-il ignorer que la Junte partageait ses sentimens? il devait en être informé par son doyen et ceux de ses membres qui prirent si souvent part aux délibérations de la Junte, et il ne lui enviait pas les embarras et les écueils dont elle était perpétuellement entourée.

Combien de fois le Conseil, après avoir pris librement une décision, ne s'est-il pas vu obligé, lorsqu'il a fallu agir, à obtempérer, et à modifier sa conduite, en prenant un terme moyen pour éviter une rupture déclarée? et sinon quelles purent être les considérations qui l'obligèrent à déclarer dans l'avis qu'il rapporte lui-même à la page 58 de son manifeste, *qu'il lui paraissait que, en exécution de ce qui avait été résolu par l'Empereur, le choix pourrait retomber*, pour le trône d'Espagne, *sur son frère aîné, le Roi de Naples?* et quelles furent celles qui l'engagèrent à terminer l'adresse que portèrent à Bayonne les conseillers D. Joseph Colon et D. Manuel de Lardizabal en disant (Manifeste, page 61) : *que les traités de renonciation précités, et la résolution de S. M. I et R. de remettre le trône d'Espagne à un Prince de la famille impériale, devant avoir son effet, le Roi de Naples, Joseph Napoléon, paraissait être celui qui convenait le mieux?*

Les réserves dont ces déclarations du Conseil furent accompagnées devaient être aussi inutiles à l'égard de l'Empereur, que propres à soulever la nation et à la précipiter dans une guerre désastreuse et interminable. La Junte, qui déjà ne conservait qu'un vote consultatif, après avoir tout examiné, ne put adopter deux partis diamétralement opposés, celui de la soumission et celui de la résistance, et sur cette considération, elle régla toutes ses démarches. En résumé, ni la Junte, ni le Conseil ne connaissaient encore l'opposition de la volonté nationale au changement de dynastie, et l'eussent-ils connue, ils ne pouvaient se flatter de trouver dans elle cet accord si nécessaire pour la faire triompher, et moins encore croire à la possibilité de parvenir à l'unique but vers lequel se seraient dirigés les sacrifices auxquels il fallait indispensablement souscrire.

NOTE XXII.

Décret impérial.

« Napoléon, par la grâce de Dieu, Empereur des Français, Roi d'Italie, Protecteur de la Confédération du Rhin, à tous ceux qui ces présentes lettres verront, salut :

« La Junte d'État, le Conseil de Castille, la ville de Madrid, etc. etc. nous ayant par des adresses fait connaître que le bien de l'Espagne voulait que l'on mît promptement un terme à l'interrègne, nous avons résolu de proclamer, comme nous proclamons par la présente, notre bien-aimé frère, Joseph Napoléon, actuellement Roi de Naples et de Sicile, Roi des Espagnes et des Indes. »

« Nous garantissons au Roi des Espagnes l'indépendance et l'intégrité de ses États, soit d'Europe, soit d'Asie, soit d'Afrique, soit d'Amérique. »

« Enjoignons au lieutenant-général du royaume, aux ministres et au Conseil de Castille, de faire expédier et publier la présente proclamation dans les formes accoutumées, afin que personne n'en puisse prétendre cause d'ignorance. »

« Donné en notre Palais Impérial de Bayonne, le 6 juin 1808. = NAPOLÉON. »

Par l'Empereur. = Le ministre secrétaire d'État, H. B. MARET. (*Moniteur du 22 juillet 1808*).

NOTE XXIII.

Cette proclamation, en date du 8 juin, fut signée par MM. le Comte d'Orgaz, D. Manuel de Lardizabal, D. Vicente Alcala Galiano, D. Sebastian de Torres, D. Antonio Romanillos, le Duc de Hijar, le Duc de l'Infantado, le Marquis de Santacruz, le Comte de Fernan-Nuñez, le Duc d'Ossuna, D. Joseph Colon, le Comte de Santa Coloma, D. Ramon Etenhard, D. Zenon Alonso, D. Francisco Amoros, D. Pedro de Torres, D. Ignacio de Texada, D. Pedro de Porras, D. Andrès Herrasti, D. Cristobal de Gongora, D. Luis Idiaquez, le Duc del Parque, D. Domingo Cerviño, D. Pedro Cevallos et D. Miguel Joseph de Azanza. »

NOTE XXIV.

Les signataires de cette proclamation de la Junte de Gouvernement étaient MM. D. Sebastian Piñuela, D. Gonzalo O-Farrill, le Marquis Caballero, le Marquis de las Amarillas, D. Pedro Mendinueta, D. Arias Mon y Velarde, le Duc de Grenade, D. Gonzalo Joseph de Vilches, D. Joseph Navarro Vidal, D. Francisco Xavier Duran, D. Nicolas de Sierra, D. Garcia Gomez Xara, D. Manuel Vicente Torres Consul, D. Ignacio de Alava, D. Joaquin Maria Sotelo, D. Pablo Arribas et D. Pedro de Mora y Lomas.

NOTE XXV.

Nous pourrions présenter un grand nombre de preuves pour attester quelle était la manière de penser de tous les députés à Bayonne, si nous avions sous les yeux la correspondance et nos papiers; nous nous bornerons à citer un témoignage qui en vaut mille, par l'ingénue sincérité qui caractérise son auteur, D. Pedro Cevallos, qui venait d'être ministre d'Etat de S. M. Ferdinand VII. Dans une lettre particulière adressée de Bayonne, le 8 juin 1808, à D. Eusebio Bardaxi et Azara, S. E. s'exprimait ainsi : « J'ai eu » l'honneur d'être présenté au Roi, qui hier est arrivé » de Naples; je pense que sa présence, sa bonté et la » noblesse de son caractère, que l'on découvre au » premier abord, suffiront pour calmer ces provinces, » sans le secours des armées. »

NOTE XXVI.

Liste des individus qui formèrent les commissions préparatoires à Bayonne.

Une de ces commissions se composait de D. Miguel Joseph de Azanza, et de MM. D. Pedro Cevallos, le Duc del Parque, D. Vicente Alcala Galiano, D. Antonio Ranz Romanillos et D. Cristobal de Gongora.

L'autre se composait de MM. le Duc de l'Infantado, D. Joseph Colon, D. Manuel de Lardizabal, D. Sebastian de Torres et D. Raymundo Etenhard.

NOTE XXVII.

Acceptation et Signature de la Constitution.

« Nous, les individus composant la Junte espagnole, convoquée dans cette ville de Bayonne par S. M. I. et R. Napoléon I.er, Empereur des Français et Roi d'Italie, étant réunis dans le Palais dit du *Vieux Evêché*, pour tenir la douzième séance de ladite Junte, lecture faite de la constitution qui précède, et qui nous a été remise, séance tenante, par notre auguste Monarque, Joseph Napoléon ; après nous être bien pénétrés de son contenu, nous lui donnons notre assentiment et notre acceptation tous individuellement, tant en notre propre et privé nom que comme membres de la Junte, chacun conformément à la qualité qu'il y apporte et selon l'extension de ses pouvoirs ; nous nous obligeons à l'observer, et à concourir de tous nos moyens à la faire observer et exécuter, attendu que nous sommes convaincus que sous le régime qu'elle établit, et sous le gouvernement d'un Prince aussi juste que celui que nous avons le bonheur de posséder, l'Espagne et toutes ses possessions seront aussi heureuses que nous le désirons : en foi de quoi nous avons signé le présent acte, parce que telle est notre opinion et notre volonté. Bayonne, 7 juillet 1808.—*Miguel Joseph de Azanza. Mariano Luis de Urquijo. Antonio Ranz Romanillos. Joseph Colon. Manuel de Lardizabal. Sebastian de Torres. Ignacio Martinez de Villela. Domingo Cerviño.*

Luis Idiaquez. Andres de Herrasti. Pedro de Porras. Le Prince de Castelfranco. Le Duc del Parque. L'Archevêque de Burgos. Fr. Miguel de Acevedo, vicaire-général de Saint-François. Fr. Jorge Rey, vicaire-général de Saint-Augustin. Fr. Augustin Perez de Valladolid, général de Saint-Jean de Dieu. F. le Duc de Frias. F. le Duc de Hijar. F. le Comte d'Orgaz. J. le Marquis de Santacruz. V. le Comte de Fernan-Núñez. M. le Comte de Santa Coloma. Le Marquis de Castellanos. Le Marquis de Bendoña. Miguel Escudero. Luis Gainza. Juan Joseph Maria de Yandiola. Joseph Maria de Lardizabal. Le Marquis de Montehermoso, comte de Treviana. Vicente del Castillo. Simon Perez de Cevallos. Luis Saiz. Damaso Castillo Larroy. Cristobal Cladera. Joseph Joaquin del Moral. Francisco Antonio Zea. Joseph Ramon Mila de la Roca. Ignacio de Texada. Nicolas de Herrera. Tomas la Peña. Ramon Maria de Adurriaga. D. Manuel de Pelayo. Manuel Maria de Upategui. Fermin Ignacio Beunza. Raymundo Etenhard y Salinas. Manuel Romero. Francisco Amoros. Zenon Alonso. Luis Melendez. Francisco Angulo. Roque Novella. Eugenio de Sampelayo. Manuel Garcia de la Prada. Juan Soler. Gabriel Benito de Orbegozo. Pedro de Isla. Francisco Antonio de Echagüe. Pedro Cevallos. Le Duc de l'Infantado. Joseph Gomez Hermosilla. Vicente Alcala Galiano. Miguel Ricardo de Alava. Cristobal de Gongora. Pablo Arribas. Joseph Garriga. Mariano Agustin. L'Amiral Marquis de Ariza et Estepa.

Le Comte de Castelflorido. Le Comte de Noblejas, maréchal de Castille. Joaquin Xavier Uriz. Luis Marcelino Pereyra. Ignacio Muzquiz. Vicenta Gonzalez Arnao. Miguel Ignacio de la Madrid. Le Marquis de Espeja. Juan Antonio Llorente. Julian de Fuentes. Mateo de Norzagaray. Joseph Odoardo y Grandpe. Antonio Soto, prémontré. Juan Nepomuceno de Rosales. Le Marquis de Casa-Calvo. Le Comte de Torre-Muzquiz. Le Marquis de las Hormazas. Fernando Calixto Nuñez. Clemente Antonio Pisador. D. Pedro Larriva Torres. Antonio Saviñon. Joseph Maria Tineo. Juan Mauri. »

NOTE XXVIII.

Avant cette époque, et depuis la réception à Madrid des renonciations de Bayonne, M. le Cardinal de Bourbon, archevêque de Tolède, le seul parent de S. M. qui fût resté en Espagne avait adressé son adhésion à l'Empereur dans la lettre suivante.

« Sire : la cession de la couronne d'Espagne qu'a
» faite à V. M. I et R. le Roi Charles IV, mon auguste
» Souverain, et qu'ont ratifiée LL. AA. le Prince des
» Asturies et les Infans D. Carlos et D. Antonio,
» m'impose, selon Dieu, la douce obligation de
» mettre aux pieds de V. M. I. et R. l'hommage de
» mon amour, de ma fidélité, et de mon respect : que
» V. M. I. et R. daigne me reconnaître comme son

» plus fidèle sujet, et me faire connaître ses intentions
» souveraines pour mettre à l'épreuve ma soumission
» cordiale et empressée. Que Dieu accorde de lon-
» gues années à V. M. I. et R. pour le bien de l'église
» et de l'Etat. »

Tolède, 22 mai 1808.

Sire :

Aux pieds de V. M. I et R.

Le plus fidèle sujet. — Louis de Bourbon, cardinal de Scala, archevêque de Tolède.

NOTE XXIX.

On sait qu'en 1812 la Russie, pour engager la Suède à se déclarer contre la France, lui offrit la Norvège et lui tint parole l'année suivante : c'est-à-dire, qu'elle disposa en sa faveur d'un royaume que le Danemarck possédait depuis plus de quatre siècles, et cette offre ne pouvait avoir alors d'autre fondement que celui de la certitude de l'inutilité d'une résistance de la part du Danemarck contre les efforts réunis de la Russie et de la Suède. En effet, le Roi de Danemarck, qu'un écrivain anglais a surnommé le martyr de la Baltique, se voyant en danger de tout perdre, et son royaume occupé en grande partie par les armées russes, renonça, par le traité de Kiel, à la Norvège, en faveur de la Suède : renonciation contre laquelle on
réclamerait

réclamerait comme étant arrachée par la force, si l'Empire de Russie éprouvait la même catastrophe que l'Empire français. Les droits sur lesquels la Suède a fondé la prise de possession de la Norvège ne sont que la conséquence d'une abdication forcée, consentie dans un royaume envahi et sous la portée du canon. Les Norvégiens jurent de ne pas consentir à ce que leur nation éprouve un semblable traitement, ils nomment un gouvernement provisoire, courent aux armes, et l'héritier présomptif du trône de Danemarck se met à leur tête, sourd aux conseils et aux ordres de son Souverain, qui même le menace de le déshériter. *Cristian IV*, disait un député, *ne peut renoncer, en faveur d'un étranger, à cette couronne qu'il possède par droit d'hérédité ; et s'il nous abandonne, la nation reprend ses droits imprescriptibles, et disposera d'elle-même sans souffrir le joug d'une autre puissance.* La guerre commence, et l'on nourrit encore l'espoir que l'Angleterre soutiendra une cause aussi belle dont les éloges retentissaient dans le parlement; mais cette puissance et les autres États de l'Europe, restant simples spectateurs de cette lutte, la Norvège, qui voyait sa ruine et sa dévastation déjà commencées par des forces contre lesquelles elle ne pouvait lutter, adopte la dynastie suédoise qu'elle ne peut se refuser à admettre, et son propre Souverain est le premier à lui conseiller de prendre ce parti, en signalant une guerre semblable et dans de semblables circonstances, comme la plus imprudente et la plus funeste que cette nation pût soutenir *en dépit de la justice de sa cause.*

Nous allons transcrire un court résumé de la proclamation des représentans de la Norvège à leurs compatriotes, du 2 octobre dernier, pour qu'on puisse s'en former une idée, et connaître par les termes dans lesquels on s'explique, combien cette renonciation a été forcée.

« Concitoyens, avant de quitter nos foyers, nous connaissions déjà la situation précaire et l'état de faiblesse de ce pays, après le dernier armistice. Notre Roi Christian Frédéric vous a dévoilé, dans son discours, la situation douloureuse de l'intérieur de ce royaume, et la triste incertitude où il est de voir la cause de la Norvège secourue par les puissances prépondérantes de l'Europe, puisqu'au contraire elles s'unissent à la Suède. Par amour pour le peuple de la Norvège, le Roi s'est résigné à abdiquer la couronne, comme l'unique moyen et la seule condition qui lui fussent offerts pour sauver, par un armistice, l'armée et une grande partie du Danemarck qui déjà était occupée. La conservation de la liberté, de l'honneur et de l'indépendance de la Norvège, a été l'objet des sollicitudes de la diète : ce but peut-il s'obtenir par la force des armes ? Les moyens et les ressources de la nation sont-ils suffisans pour soutenir la guerre et la continuer contre un ennemi supérieur en forces, et qui déjà a obtenu des avantages considérables ? Nous reste-t-il quelqu'espoir de triompher qui autorise la nation à s'exposer par la guerre à de nouveaux désastres ? Lors même qu'on eût obtenu des succès, peut-on espérer de défendre encore nos frontières, et d'obtenir une paix maritime si nécessaire à la Norvège? Ne peut-on pas plutôt assurer la liberté et l'indépendance de la nation par une union honorable avec la Suède, sous une constitution qui la protège? Telles sont les questions importantes qui ont été examinées et décidées dans la diète. »

NOTE XXX.

Lettre des Empereurs de Russie et de France au Roi d'Angleterre.

Erfurt, 12 octobre 1808.

Sire :

« Les circonstances actuelles de l'Europe nous ont réunis à Erfurt : notre première pensée est de céder au vœu et aux besoins de tous les peuples, et de chercher, par une prompte pacification avec V. M., le remède le plus efficace aux malheurs qui pèsent sur toutes les nations. Nous en faisons connaître notre sincère désir à V. M. par cette présente lettre. La guerre longue et sanglante qui a déchiré le continent *est terminée, sans qu'elle puisse se renouveler,* etc. (*Moniteur du 15 décembre 1810.*) »

NOTE XXXI.

Les Anglais eux-mêmes avouent que dans cette occasion les Français purent s'avancer jusqu'au Guadalquivir. Le frère du général Moore, dans le rapport cité à la note suivante, s'expliquait ainsi :

« Le général Moore était en marche pour attaquer
» Soult, lorsqu'il apprit que les Français s'avançaient
» de Madrid à grandes marches contre lui, pour l'en-
» velopper et lui couper le chemin de la mer. Il ré-
» solut aussitôt de se retirer. *L'ennemi aurait pu*
» *occuper Séville, Cadix et le midi de l'Espagne,*
» s'il n'eût mieux aimé se diriger de manière à cou-
» per la retraite à l'armée anglaise. »

NOTE XXXII.

Dans la relation de la campagne en Espagne par le général Sir John Moore, publiée par son frère et insérée dans le *Journal politique* anglais, n.º 12, on lit ce qui suit :

« Madrid tomba le 3 décembre; les armées fran-
» çaises en Espagne montaient à 177,000 hommes, et
» les forces anglaises n'étaient que de 25,631 hommes
» d'infanterie et 12,400 de cavalerie. Moore renonça
» à sa résolution de marcher sur Madrid; mais le 8
» décembre encore, *les membres de la Junte espa-*
» *gnole lui écrivaient que Madrid n'avait conclu*

» *qu'une sorte de convention, et que les Français*
» *n'avaient pas osé y entrer.* Au 12 décembre même,
» Moore étant à Salamanque, n'avait pas la certitude
» que les Français fussent entrés à Madrid.... Il apprit
» cette nouvelle par une dépêche du général Berthier
» au Duc de Dalmatie, qui fut interceptée. »

NOTE XXXIII.

La relation citée dans la note précédente renferme le passage suivant d'une lettre du Duc de l'Infantado à M. Frère, ambassadeur anglais près de la Junte centrale.

Cuenca, 13 décembre 1808.

« L'insurrection et le mécontentement des soldats
» m'ont mis dans la fâcheuse nécessité de prendre le
» commandement de cette armée. Je l'ai trouvée sans
» provisions, sans souliers, sans uniformes, munitions
» ni bagages : elle s'est fondue au point de n'être plus
» que de 9,000 hommes d'infanterie et 2,000 de ca-
» valerie, et les soldats n'ont plus de confiance en
» leurs chefs. »

« Si le général Moore, ajoute l'auteur anglais, eût
» rencontré dans tous ses correspondans la même
» sincérité que dans le Duc de l'Infantado, le résultat
» de la campagne eût été bien différent. Mais quels
» avantages devait-on attendre des diverses armées
» qu'on avait en Espagne, lorsque la Junte s'étudiait

» à les tenir dans une ignorance complète de l'état
» des choses ? »

La lettre du Duc de l'Infantado fut insérée par M. Frère dans celle qu'il écrivit de Séville, le 22 décembre, au général Moore.

Le marquis de la Romana écrivit de Léon au même général anglais, le 21 décembre : «Tous les malheurs,
» tous les désastres que nous souffrons proviennent
» du défaut de plan et d'accord dans les opérations
» de nos armées. »

« Plusieurs régimens de la Romana, ajoute l'auteur,
» que le général Moore rencontra dans sa retraite sur
» la Corogne, et qui embarrassaient son chemin,
» étaient absolument nuds. »

NOTE XXXIV.

Lettre du général D. Gregorio de la Cuesta au Ministre de la Guerre D. Antonio Cornel.

Monasterio, 3 mai 1809.

« Il paraît que le système des Anglais est de ne
» jamais exposer leurs troupes, et voilà ce qui les em-
» pêche d'obtenir des avantages décisifs par terre, et
» consume leurs armées en retraites et marches de
» précaution. C'est ce qui est arrivé au général Moore,
» pour n'avoir pas attaqué l'ennemi à Sahagun et à
» Plasencia avant qu'il se fût renforcé. »

Ces lettres, ainsi que d'autres que nous citerons ci-après, font partie des pièces présentées au parlement d'Angleterre, et sont parvenues par cette voie à la connaissance du public. On pourra les voir dans le journal anglais *The Sun*, et dans le Moniteur du 15 avril 1810.

NOTE XXXV.

L'Europe entière a pu lire alors les discours que l'archi-chancelier d'Empire, le Sénat et le Conseil d'État adressèrent à l'Empereur, le 5 septembre 1808, lorsque, de retour de Bayonne, il présenta les traités de renonciation en sa faveur, et demanda une nouvelle conscription pour soutenir la guerre d'Espagne. Dans ces discours on ne se borne pas à applaudir une guerre semblable, on s'efforce de la justifier, de l'appuyer avec de nouvelles raisons, et l'on présente l'acquisition de l'Espagne comme la démarche la plus importante et la plus nécessaire pour consolider l'Empire français.

L'archi-chancelier dit entre autres choses, « que
» l'Espagne, par sa position géographique, par son
» commerce et par ses habitudes, doit être toujours
» avec la France en communauté d'intérêts; que cette
» vérité a prévalu dans des temps de désordres.... mais
» que les dispositions de cette puissance étaient toujours
» indécises, et suivant les circonstances auraient pu
» devenir hostiles; que le désir de sortir de cette incer-

» titude avait inspiré à l'Empereur les résolutions gé-
» néreuses que présentaient les traités de Bayonne. »

Le président du Sénat, après avoir dit que les plans tracés par la prévoyance du monarque avaient causé l'admiration générale, ajoute : « que la guerre d'Es-
» pagne ne pouvait être plus fortement commandée
» par la politique, par la justice, par la nécessité. » (a)

De nouveaux éloges et plus éclatans encore se firent entendre lorsque Napoléon revint à Paris, en janvier 1809, après la campagne d'Espagne. Le 24 du même mois il reçut les félicitations et les hommages du Sénat, du Conseil d'Etat, du tribunal de cassation, du tribunal d'appel, de la cour des comptes, de celle de justice criminelle, des autorités départementales et municipales, du clergé catholique, du consistoire protestant, etc. etc. Nous en copierons ici quelques extraits, pour donner une idée de l'intérêt et de l'importance que le Gouvernement français mettait à la guerre d'Espagne.

Le Sénat s'expliquait en ces termes : « Vous êtes
» revenu d'Espagne en y laissant les plus grands bien-
» faits, en créant aux Espagnols une nouvelle patrie,
» et en faisant triompher la raison. »

Le tribunal d'appel lui disait : « La même pré-
» voyance qui vous a fait unir les intérêts de la France
» à ceux de l'Italie et de l'Allemagne vous a suggéré
» la réunion de l'Espagne; la même force qui a tout

(a) Moniteur du 15 septembre 1808.

» soumis au delà des Alpes et du Rhin, a tout assujetti
» au delà des Pyrénées ; et la même magnanimité qui
» avait conservé Berlin et Vienne a sauvé et relevé
» Madrid. Vous liez toutes les parties pour former un
» tout indestructible. »

Le préfet de la Seine : « Les hommes éclairés et les
» amis de l'humanité ont dû gémir sur l'aveuglement
» momentané du peuple Espagnol ; mais V. M. a
» porté chez ces peuples les lumières dont la civilisa-
» tion et la philosophie ont enrichi votre Empire. Le
» fanatisme et l'ignorance, mais plus encore les com-
» binaisons d'une politique odieuse, ont dû opposer des
» obstacles ; mais vous les avez tous renversés, et les
» gens de bien de tout pays ne vous doivent pas
» moins de reconnaissance que les Espagnols eux-
» mêmes (a). »

Peu de jours avant, le président du corps législa-
tif, dans le discours de clôture de ses séances, disait :
« L'Empereur est si accoutumé à vaincre, que ce
» n'est qu'un triomphe de plus à ajouter à son his-
» toire. Il suffit de dire qu'après un petit nombre de
» marches, il se trouvait au delà de l'Ebre, aux lieux
» où parvint Charlemagne ; et que supérieur aux
» grands hommes qui l'ont précédé, il n'y trouvera
» plus de Roncevaux (b). »

Et que l'on ne croie pas que c'était dans la capitale

(a) Moniteur du 26 janvier 1809.
(b) Moniteur du 1.ᵉʳ janvier 1809.

seule que la guerre d'Espagne était présentée sous ce point de vue par les hautes autorités et les corps représentans la nation. Les échos des départemens retentissaient des mêmes témoignages d'approbation. Des députations se pressaient autour de l'Empereur pour le féliciter d'une acquisition aussi importante et lui offrir tout ce dont il pouvait avoir besoin pour la consommer. Nous n'en finirions pas si nous voulions citer toutes les preuves à l'appui. Quelles fêtes ne fit pas la municipalité de Bordeaux, élevant des arcs de triomphe en l'honneur de la grande armée destinée pour la péninsule espagnole! (a) A la vue de tout ce qui vient d'être rappelé, qui osera dire que l'on pouvait en conclure alors, dans toute l'Europe, que l'Empereur dût trouver la moindre entrave dans l'opinion et les dispositions de la France? On devait bien plutôt prévoir qu'il en obtiendrait toutes les ressources qu'il voudrait exiger d'elle pour continuer avec vigueur la guerre d'Espagne.

(a) Moniteur du 21 octobre 1808.

NOTE XXXVI.

Lettre de M. Frère, ambassadeur d'Angleterre près de la Junte centrale, au Lord Wellington, général en chef de l'armée anglaise en Espagne.

Séville, 3 juillet 1809.

« L'opinion commune est que le général Cuesta médite *sérieusement quelque plan de vengeance* pour les affronts et les dégoûts que la Junte lui a causés depuis six mois : celle-ci croit pouvoir compter sur l'armée du général Venegas ; mais elle est très-inférieure en nombre. La mesure la plus convenable serait d'en détacher un corps considérable, commandé par quelque officier capable de captiver la confiance des troupes, et qui pût ainsi s'opposer aux résolutions violentes du commandant en chef. Il ne paraît pas que Venegas jouisse d'une grande réputation militaire, et soit doué d'un caractère propre pour balancer l'influence et l'énergie d'un homme comme Cuesta. »

Cette lettre fait partie des pièces présentées au parlement, et se trouve dans le journal anglais et dans le Moniteur cité à la note 34.

NOTE XXXVII.

Lettre du général Cuesta au Ministre de la guerre D. Antonio Cornel.

Casas del Puerto, 18 juillet 1809.

« Mon armée s'est mise en marche sans ordre et
» sans provisions que pour un jour, en dépit des dis-
» positions que j'ai prises et des recherches des com-
» missaires des guerres. »

Autre du même au même, le 28 juillet, jour de la bataille de Talavera.

« Je n'ai pas le temps de donner de plus longs dé-
» tails à V. E., ayant passé trois jours sur le champ
» de bataille, les troupes étant sous les armes, sans
» moyens de subsistances, attendu que les commis-
» saires et tous les employés de l'administration se
» sont éloignés et ont abandonné l'armée à la pre-
» mière décharge. »

Lettre du Lord Wellington au Ministre de la Guerre, à Londres.

Truxillo, 21 août 1809.

« Le manque de provisions m'a contraint de me
» rapprocher des frontières de Portugal pour faire
» rafraîchir mes troupes. Dans mes dépêches précé-
» dentes, j'ai informé V. S. de ce manque de vivres
» et de moyens de transport. *C'est à ce dénuement*
» *qu'on doit attribuer la perte de nos avantages*, et

» quoiqu'il y ait plus d'un mois que j'en aie informé
» la Junte, nous sommes encore dans l'état le plus
» misérable. »

*Autre du même général à D. Tomas O-Donoju,
chef d'état-major du général Cuesta.*

Plasencia, 16 juillet 1809.

« Je suis fâché de vous dire que par le manque de
» transports nous sommes obligés de marcher dépour-
» vus de différens articles que nous avions deman-
» dés ; les habitans ne peuvent ni ne veulent rien
» fournir. »

*Autre du même Lord à M. Frère, le 24
juillet 1809.*

« L'armée espagnole abonde de tout, et nous au-
» tres, de qui tout dépend, nous mourons de faim. »
Le 31 juillet, il écrivait au même de Talavera.
« Il est de fait que pendant 7 jours l'armée anglaise
» n'a pas même reçu un tiers des provisions nécessai-
» res, et que j'ai en ce moment quatre cents blessés
» qui périssent dans les hôpitaux de cette ville, faute
» de recevoir les secours de première nécessité qu'au-
» cune nation du monde ne refuse même à ses enne-
» mis. Je ne peux pas non plus obtenir des habitans
» qu'ils viennent enterrer les morts dont les environs
» sont jonchés, et dont la putréfaction fera périr eux
» et nous. »

Voyez ces pièces où il est indiqué dans la note précédente et dans l'*Annual Register* de 1809.

NOTE XXXVIII.

Traité de paix et d'alliance entre S. M. le Roi Ferdinand VII et l'Empereur Napoléon.

« S. M. C. et S. M. l'Empereur des Français, etc. etc. animés d'un égal désir de faire cesser les hostilités, et de conclure entre les deux puissances un traité de paix définitif, ont nommé pour plénipotentiaires, savoir : Le Roi Ferdinand, le Duc de San Carlos, et l'Empereur, le Comte de Laforest, lesquels sont convenus des articles suivans :

1.°

Il y aura dorénavant, à dater de la signature de la ratification du présent traité, paix et amitié entre S. M. Ferdinand VII et ses successeurs, et S. M. l'Empereur et Roi et ses successeurs.

2.°

Toute hostilité cessera entre les deux nations, tant sur terre que sur mer, savoir : pour les états du continent, immédiatement après l'échange des ratifications; quinze jours après, dans les mers qui baignent les côtes de l'Europe et celles de l'Afrique en deçà de l'équateur; quarante jours après ledit échange, dans les pays et mers d'Afrique et d'Amérique de l'autre côté de l'équateur, et trois mois après, pour tous les pays et les mers situés à l'orient du Cap de Bonne-Espérance.

3.º

S. M. l'Empereur des Français, Roi d'Italie, reconnaît D. Ferdinand VII et ses successeurs comme Rois d'Espagne et des Indes, conformément à l'ordre de succession établi par les lois fondamentales d'Espagne.

4.º

S. M. I. et R. reconnaît l'intégrité de l'Espagne, telle qu'elle était avant la guerre actuelle.

5.º

Les provinces et places, actuellement occupées par les Français, seront rendues, dans le même état où elles se trouvent, aux gouverneurs espagnols et aux troupes nationales.

6.º

S. M. le Roi Ferdinand VII s'engage de son côté à maintenir l'intégrité de l'Espagne, des îles, places et forts voisins, nommément Mahon et Ceuta; il s'engage aussi à faire évacuer à l'armée anglaise et aux gouverneurs de cette nation, les provinces, les places et le territoire qu'ils occupent.

7.º

Un commissaire français et un espagnol feront un arrangement militaire, pour que les Français et les Anglais évacuent à l'instant les provinces espagnoles dans lesquelles ils sont cantonnés.

8.º

S. M. C. et S. M. l'Empereur et Roi s'engagent réciproquement à maintenir l'indépendance des droits maritimes, comme il a été stipulé par le traité d'Utrecht, et comme les nations l'ont maintenue jusqu'à l'année 1792.

9.º

Tous les Espagnols du parti du Roi Joseph qui l'ont servi dans les emplois civils, politiques et militaires, ou qui l'ont suivi, seront réintégrés dans les droits, honneurs et prérogatives dont ils jouissaient avant. Leurs biens confisqués leur seront rendus. L'on accordera à ceux qui désireront rester hors de l'Espagne un terme de dix ans, pour qu'ils puissent vendre leurs biens et faire toutes les dispositions nécessaires pour un nouvel établissement. On leur conservera leurs droits à toutes les successions qui pourront leur échoir, et ils pourront jouir et disposer de leurs biens sans être assujettis à aucun droit.

10.º

Tous les biens, tant meubles qu'immeubles, qui appartenaient en Espagne avant la guerre à des Français ou des Italiens, leur seront restitués. Également, tous les biens, soit en France, soit en Italie, qui appartenaient à des Espagnols, et qui auraient été séquestrés ou confisqués leur seront rendus. L'on nommera de part et d'autre des commissaires pour régler et déterminer tous les différends qui surviendraient

draient dans l'exécution de cet article et du précédent. Ils prononceront aussi sur les difficultés relatives aux acquisitions qui se seraient faites pendant la guerre.

11.º

Les prisonniers seront réciproquement rendus, soit qu'ils soient dans des dépôts ou par-tout ailleurs, soit qu'ils aient pris du service, à moins qu'après la paix ils ne déclarent devant un commissaire de leur nation, qu'ils désirent rester au service de la puissance sur le territoire de laquelle ils se trouvent.

12.º

La garnison de Pampelune, les prisonniers de Cadix, de la Corogne, des îles de la Méditerranée, et ceux de tous les autres dépôts, soit qu'ils aient été remis aux Anglais, soit qu'ils soient encore en Espagne, ou qu'ils aient été transportés en Amérique, seront également rendus.

13.º

S. M. Ferdinand VII s'engage à payer au Roi Charles IV et à la Reine son épouse, trente millions de réaux par an, par quartier de trois en trois mois. Après la mort du Roi Charles, il restera à la Reine veuve une pension annuelle de deux millions de francs. Tous les Espagnols qui sont à leur service ont la liberté de résider hors du territoire espagnol, par-tout où LL. MM. le jugeront convenable.

14.°

Les deux puissances feront un traité de commerce, et jusqu'à ce qu'il soit terminé, les relations commerciales resteront sur le pied où elles étaient avant la guerre de 1792.

15.°

Les ratifications du présent traité s'échangeront à Paris dans le délai d'un mois, et plutôt s'il est possible.

Fait et signé à Valençay, le 8 décembre 1814.
Le Duc de SAN CARLOS. = Le Comte de LAFOREST.

(Supplément au rédacteur général d'Espagne, du 4 février 1814.) Dans l'ouvrage de M. Escoïquiz, cité page 75, ce Traité porte la date du 8 décembre.

NOTE XXXIX.

Lorsqu'on donna au Roi Joseph connaissance du décret de son frère, qui établissait des gouvernemens militaires dans diverses provinces d'Espagne, il donna ordre à Azanza de passer à l'ambassadeur une note, qui en effet lui fut remise de Malaga, le 8 mars 1810, et qui portait entre autres choses : « que considérant
» le bouleversement et les malheurs qui sont la con-
» séquence d'un gouvernement purement militaire,
» il ne pouvait se dispenser de lui représenter que
» dans le moment qui paraissait le plus favorable

» pour organiser les provinces de la gauche de
» l'Ebre, conformément à la constitution et de ma-
» nière qu'elles servissent d'exemple aux autres, il
» était douloureux de les voir au contraire traitées
» avec la rigueur d'un gouvernement militaire; que
» les mesures adoptées pour la Vieille Castille, le
» royaume de Léon et les Asturies présentaient des in-
» convéniens graves, soit dans la partie politique, soit
» dans la partie économique; que quant à la dernière,
» S. M. instruite par l'expérience, depuis que quelques
» généraux français, sans l'autorisation expresse qu'on
» leur donnait aujourd'hui, avaient voulu ordonner
» la perception et l'emploi des revenus publics dans
» les provinces où ils commandaient, était persuadée
» que leurs dispositions devaient rencontrer à chaque
» pas des difficultés insurmontables, et causer le plus
» grand désordre; qu'il était facile d'imaginer quel
» serait l'éloignement, tant des contribuables que des
» percepteurs, lorsque ce serait une autorité étran-
» gère qui, sans s'assujettir aux formes établies et
» même sans les connaître, donnerait ses ordres pour
» la levée des impôts, prenant aussi en considération
» que l'on s'expose à des malversations, lorsque celui
» qui règle l'application des deniers royaux n'est pas
» obligé de présenter les comptes de leur inversion à
» une autorité qui soit en état de les examiner et de les
» approuver s'il y a lieu; qu'en outre le maniement des
» finances ayant tant de points de contact et des rela-
» tions si intimes avec les autres branches d'adminis-
» tration publique, il paraissait impossible que celles-

» ci restassent indépendantes du général français en
» qui résiderait la faculté de régler les contributions
» et d'intervertir leur produit; que de cela même pro-
» venait l'épuisement de quelques provinces qui,
» par l'abus des ressources qu'on avait jugées les plus
» promptes, s'étaient vu enlever les premiers élé-
» mens de l'agriculture et de l'industrie, leurs bes-
» tiaux et leurs ustensiles, et se trouvaient dans l'im-
» possibilité de fournir dans les années subséquentes
» à la subsistance des troupes françaises et aux trans-
» ports nécessaires à l'armée; que les inconvéniens ne
» se feraient pas moins sentir dans la partie politique.
» Quelle sensation devait produire dans les autres
» provinces ce qu'on allait exécuter dans la Castille,
» Léon et les Asturies? Se résigneront-elles à laisser
» d'autres généraux arbitres de leurs impôts, de leurs
» propriétés et de leur fortune, sans espoir de protec-
» tion de la part des autorités nationales et de leur
» propre Souverain? Que l'on ne perdit pas de vue
» qu'on n'était pas parvenu sans peine à faire enten-
» dre au peuple qu'il n'était pas question de le sou-
» mettre à la France, mais de le rendre indépendant,
» et de lui laisser la qualité d'Espagnol comme aupa-
» ravant; et que sans doute cette conviction qui com-
» mençait à s'opérer en lui avait été l'agent le plus
» efficace pour l'engager à rentrer dans l'ordre. »

A l'occasion de certains écrits publiés par le gouverneur militaire de Biscaye, et dans lesquels on donnait à entendre que l'Empereur exerçait dans cette province la souveraineté, on remit de Grenade, le 17

mars 1810, une note dans laquelle on disait : « que
» ces écrits détruisaient tout le bien que les discours
» et les actions du Roi avaient produit ; que la force
» du Roi était purement morale, et qu'on s'aperce-
» vait déjà que la vérité l'emportait sur toutes les pré-
» ventions, sur tous les préjugés. Quels résultats pou-
» vait-on attendre, en démentant par des faits les
» paroles de S. M., en démembrant la monarchie,
» en imposant des contributions sur les provinces au
» gré des généraux français, en méconnaissant l'au-
» torité royale et en foulant aux pieds l'honneur na-
» tional ? Pas d'autres que ceux que l'on commen-
» çait à éprouver : l'inefficacité des efforts de S. M.
» pour arriver à une pacification générale, l'avilisse-
» ment du caractère dont elle était revêtue, la ruine
» de la nation, la perte irréparable des Amériques,
» une émigration considérable d'Espagnols..... Qu'il
» était temps enfin d'arrêter cet embrâsement dont
» les progrès pouvaient devenir en peu de temps épou-
» vantables, faire renaître les obstacles, et finir par
» dévorer une nation orgueilleuse de porter un nom
» illustre, douée d'un caractère indomptable, et qui
» préférerait son extermination totale à une existence
» précaire et dégradée, etc. »

NOTE XI.

Lorsque l'Empereur ordonna la division de la Catalogne en départemens et y nomma des intendans, Azanza passa, le 12 mars 1812, une note à l'ambassadeur de France. Il lui disait entre autres choses :
« que rien ne pouvait contribuer plus puissamment
» à retarder la pacification générale de l'Espagne,
» que l'idée du démembrement de la monarchie, et
» qu'elle allait se renouveler et se fortifier par les
» mesures relatives à la Catalogne, dans le moment
» même où l'esprit public paraissait s'incliner plus que
» jamais vers la réunion et la tranquillité; que l'in-
» tention de S. M. I. ne pouvait pas être que le Roi
» passât aux yeux de la nation pour consentir vo-
» lontairement au démembrement de la monarchie
» espagnole, soit en vertu de preuves authentiques,
» soit par des inductions naturelles et vraisem-
» blables, parce que cette coopération, outre qu'elle
» était incompatible avec l'honneur du Roi, les
» engagemens contractés avec la nation, les pro-
» messes qu'il lui avait faites, et qui lui avaient
» attiré et retenaient encore dans son parti un
» nombre considérable et la majorité peut-être
» des habitans, suffirait pour rallumer les brandons
» encore mal éteints d'une résistance obstinée; que
» le Roi avait accepté la couronne sous les con-
» ditions de l'intégrité de l'Espagne, et qu'il croyait
» ne pouvoir, en honneur ni en conscience, donner

» son consentement ni explicite ni implicite, à aucun
» démembrement, etc. etc. »

Le 10 mai suivant, lorsqu'on apprit que le comte Dorsenne, général en chef de l'armée du Nord, avait dissous le Conseil et le tribunal *de Corte* de Pampelune, et donné une nouvelle forme à la Junte criminelle créée par le Roi, Azanza passa une note à l'ambassadeur de France, et lui dit : « que S. M. avait appris
» avec surprise et mécontentement cette mesure du
» comte Dorsenne, lorsqu'elle était dans la croyance,
» depuis son retour de France dans l'année anté-
» rieure, que les généraux français dans les gou-
» vernemens militaires ne devoient pas s'immiscer
» dans les affaires judiciaires et ecclésiastiques; qu'elle
» devait encore moins s'attendre à une innovation
» aussi fondamentale dans la constitution de la Na-
» varre, qui détruisait complètement un de ses prin-
» cipaux privilèges; et cela dans le moment même
» où le bruit vague, répandu dans cette province, de
» sa future aggrégation à l'Empire français, avait
» armé et organisé en corps réguliers plus de 22,000
» hommes, et parmi eux quelques personnes mar-
» quantes, qui jusqu'alors s'étaient montrées sou-
» mises et attachées au nouvel ordre de choses; que
» S. M. s'était vue obligée à désapprouver les mesures
» du comte Dorsenne relatives aux tribunaux de
» Pampelune, et de lui ordonner de replacer dans son
» premier état le Conseil, le tribunal *de Corte* et la
» Junte criminelle de Navarre, etc. etc. »

Toutes ces notes restèrent sans effet ; mais elles ne prouvent pas moins le zèle avec lequel les ministres du Roi Joseph s'opposaient à tout ce qui pouvait blesser l'intégrité et l'indépendance de la monarchie. Le public a vu des preuves de cette même fermeté dans les lettres qu'Azanza écrivit de Paris au Roi et au ministre des affaires étrangères sous la date des 19, 20 et 21 juin 1810. Le courier de cabinet qui en était porteur ayant été intercepté par une compagnie de *guerrillas* à l'entrée de Madrid, elles furent copiées dans les gazettes de plusieurs États de l'Europe. La même année on publia, premièrement dans un journal de Badajoz, et ensuite dans plusieurs journaux étrangers, une lettre apocryphe, qu'on supposait écrite par Azanza au ministre secrétaire d'État, D. Mariano Urquijo, sous la date de Paris, 29 septembre. On ne doit pas supposer que les gens sensés l'aient tenue pour véritable, surtout depuis que Azanza la démentit, et la déclara fausse dans une gazette de Madrid ; cependant l'auteur, quel qu'il soit, de cet écrit assez artificieusement conçu, n'osa pas lui attribuer des sentimens dont un véritable Espagnol aurait à rougir.

NOTE XLI.

Lettres du Roi Joseph interceptées, et publiées à Cadix dans la Gazette de la Régence du 2 juin 1812.

1.re

A son frère l'Empereur Napoléon.

Madrid, 23 mai 1812.

Sire :

« Lorsqu'il y a bientôt un an je demandai à V. M. son avis sur mon retour en Espagne, elle m'engagea à y retourner, et j'y suis. Elle eut la bonté de me dire qu'au pis-aller je serais à temps de la quitter, si les espérances qu'on avait conçues ne se réalisaient pas ; que, dans ce cas, V. M. m'assurerait un asile dans le midi de l'Empire, où je pourrais partager ma vie avec Morfontaine. »

» Sire : les événemens ont trompé mes espérances ; je n'ai fait aucun bien et je n'ai pas l'espoir d'en faire : je prie donc V. M. de me permettre de déposer entre ses mains les droits qu'elle daigna me transmettre sur la couronne d'Espagne il y a quatre ans. Je n'ai jamais eu d'autre but, en l'acceptant, que celui de faire le bonheur de cette monarchie : cela n'est pas en mon pouvoir. »

» Je prie V. M. de m'agréer au nombre de ses sujets, et de croire qu'elle n'aura jamais de serviteur plus fidèle que l'ami que la nature lui avait donné. »

De V. M. I. et R., Sire, l'affectionné frère. =
JOSEPH.

2.°

A la Reine son épouse.

Madrid, 23 mars 1812.

« Ma chère amie : tu dois remettre la lettre que je t'envoie pour l'Empereur, si le décret de réunion a lieu et s'il est publié dans les gazettes. — Dans tout autre cas tu attendras ma réponse. — Si le cas de la remise de ma lettre arrive, tu m'enverras par un courrier la réponse de l'Empereur et les passe-ports. »

» Renvoie-moi Remi, dont je suis assez en peine. Si on m'envoie des fonds, pourquoi tant tarder avec des convois, et ne pas se servir de l'estafette pour me remettre des traites du trésor public ? — Je t'embrasse ainsi que mes enfans. »

P. S. « Si tu sais que M. Mollien ne m'a pas envoyé d'argent depuis les 500,000 livres que j'ai déjà reçus pour janvier, lorsque tu recevras cette lettre, remets à l'empereur ma renonciation; à l'impossible nul n'est tenu : voici l'état de mon trésor. »

3.°

A la même.

Madrid, 23 mars 1812.

« Ma chère amie : M. Deslandes, qui te remettra cette lettre, te donnera tous les détails que tu pourras désirer sur ma position : je vais t'en parler moi-même, afin que tu puisses la faire connaître à l'Empereur et qu'il prenne un parti quelconque : tous me conviennent pour sortir de ma situation actuelle. »

» 1.° Si l'Empereur fait la guerre à la Russie et qu'il me croie utile ici, je reste avec le commandement général et l'administration générale. »

» S'il fait la guerre, et qu'il ne me donne pas le commandement et ne me laisse pas l'administration du pays, je désire rentrer en France. »

» 2.° Si la guerre avec la Russie n'a pas lieu, soit que l'Empereur me donne le commandement, ou ne me le donne pas, je reste encore tant qu'on n'exigera rien de moi qui puisse faire croire que je consens au démembrement de la monarchie, que l'on me laissera assez de troupes et de territoire, et que l'on m'enverra le million de prêt mensuel que l'on m'a promis. J'attends dans cet état tant que je peux, parce que je mets mon honneur autant à ne pas quitter l'Espagne trop légèrement, qu'à la quitter dès que, durant la guerre avec l'Angleterre, on exigera de moi des sacrifices que je ne peux ni ne dois faire qu'à la paix générale, dans le but du bien de l'Espagne, de la France et de l'Europe. Un décret de réunion de l'Ebre qui m'arriverait à l'improviste me ferait partir le lendemain. »

» Si l'Empereur ajourne ses projets à la paix, qu'il me donne les moyens d'exister pendant la guerre. »

» Si l'Empereur incline à ce que je quitte, ou à l'une des mesures qui me ferait quitter, il m'importe de rentrer en France en paix avec lui, et avec son consentement sincère et entier. J'avoue que la raison me dicte ce parti, si conforme à la situation de ce malheureux pays, si je ne peux rien pour lui ; si conforme à mes relations domestiques qui ne m'ont pas donné d'enfant mâle, etc. etc. Dans ce cas là je désire obtenir de l'Empereur une terre dans la Toscane ou dans le Midi, à 300 lieues de Paris. Je pourrai y passer une partie de l'année et l'autre à Morfontaine. Les événemens, et une position aussi fausse que celle où je me trouve, si éloignée de la droiture et de la loyauté de mon caractère, ont beaucoup affaibli ma santé ; l'âge arrive aussi : il n'y a donc que l'honneur et le devoir qui puissent me retenir ici ; mes goûts m'en chassent, à moins que l'Empereur ne se prononce différemment qu'il n'a fait jusqu'ici. Je t'embrasse ainsi que mes enfans. »

NOTE XLII.

Services de D. Miguel Joseph de Azanza.

D. Miguel Joseph de Azanza sert le Roi et la patrie depuis 1768. Dans sa jeunesse il parcourut presque toutes les provinces que l'Espagne possède dans l'Amérique Septentrionale, jusqu'à la Californie et la Sonora. Il entra dans la carrière militaire, fit la guerre en qualité d'officier subalterne, et s'est trouvé au siége de Gibraltar. Il fut successivement chargé d'affaires à St.-Pétersbourg et à Berlin ; intendant des provinces de Toro et de Salamanque, et en même temps corrégidor de leur arrondissement ; intendant d'armée à Valence et à Murcie. Dans la campagne du Roussillon, en 1795, on lui accorda les honneurs et l'ancienneté de conseiller de la guerre, et la même année S. M. Charles IV lui en confia le ministère. Depuis il fut vice-roi, gouverneur et capitaine général de la Nouvelle Espagne, et président de l'audience royale de Mexico. En 1799 il fut nommé conseiller d'état effectif; et en 1808 S. M. le Roi Ferdinand, à son exaltation au trône, le fit ministre des finances. Dans tous ces emplois il a été chargé d'un grand nombre de commissions importantes dont il s'est acquitté aux applaudissemens du public et à la satisfaction du Gouvernement dont il peut présenter des preuves irréfragables. Jamais Azanza n'a été riche ; il est de notoriété que jamais il n'a rien fait pour le devenir, et aujourd'hui il voit réduite à un état de pauvreté son épouse, dont il a épuisé la fortune au service de la patrie.

Services de D. Gonzalo O-Farrill.

D. Gonzalo O-Farrill compte 48 ans de services dans la carrière militaire.

Il a servi dans la défense de Melilla et Oran en Afrique, et aux siéges de Mahon et de Gibraltar.

En 1780 il demanda et obtint la permission de servir en qualité de volontaire dans l'armée française destinée à l'expédition et au débarquement en Angleterre. Ce projet ayant été abandonné, il visita en France les établissemens et écoles de l'artillerie et du génie.

Il fit dans l'armée des Pyrénées en Navarre, commandée par les généraux D. Ventura Caro et le Comte de Colomera, les campagnes de 1793 et 1794, et fut blessé dans les affaires de Lecumberri et de Tolosa.

Dans la campagne de 1795 il servit de quartier-maître général dans l'armée de Catalogne aux ordres du général D. Joseph de Urrutia, commanda à l'affaire de Bañolas, et eut part à celle du Col de Oriol, vis-à-vis Bascara.

Après avoir été membre de l'académie militaire d'Avila, il fut chargé de sa direction immédiate lorsqu'elle fut transférée au Port Sainte-Marie, et de celle de l'école militaire des cadets.

Il a été secrétaire et membre des juntes d'officiers généraux qui, de son temps, ont été chargés de proposer quelques réglemens militaires.

A la paix de Bâle, il fut nommé commissaire général pour la fixation des limites avec la France.

Son avancement depuis le grade de colonel jusqu'à celui de lieutenant-général inclusivement a été le prix de ses services en temps de guerre. En 1798 on lui conféra l'inspection générale de toute l'infanterie, et l'année suivante il partit à la tête d'une division de troupes espagnoles qui vint à Rochefort pour concourir à une expédition qui alors était secrète.

Au sortir de cette expédition, il passa à Berlin en qualité d'envoyé extraordinaire et ministre plénipotentiaire près du Roi de Prusse actuel.

Il parcourut depuis l'Allemagne, la Suisse, l'Italie, la Hollande et l'Angleterre, s'attachant à acquérir de nouvelles connaissances en politique, comme dans l'art militaire, et transmettant à son Gouvernement les notices qu'il croyait pouvoir lui être utiles.

Revenu à Madrid, il fut envoyé pour commander la division de troupes espagnoles qui passa en Toscane, et y demeura deux ans.

De retour de Toscane, en mars 1808, S. M. le Roi Ferdinand lui conféra la direction générale de l'artillerie; et le 5 avril de la même année, le nomma au ministère de la guerre.

D. Gonzalo O-Farrill a neuf frères à la Havane, tous propriétaires, mais plus pourvus de vertus et de considération que de richesses; il eût trouvé dans le sein de sa famille tout ce qui peut faire le bonheur de la vie, mais il a préféré employer tous les instans de la sienne au service de sa patrie : il ne s'est refusé à aucun moyen pour parvenir à rendre ses travaux utiles ; jamais il n'a sollicité de commanderies ni de grâces pécuniaires, et n'a jamais possédé que les biens qu'il hérita de ses pères. Il a dissipé la plus grande partie de son patrimoine et de celui de son épouse, pour couvrir les frais qu'exigeaient les différentes commissions dont il fut chargé. On trouvera, dans les secrétaireries de la guerre et des affaires étrangères, les minutes des témoignages d'approbation qui lui ont été accordés, et l'on y chercherait vainement une seule plainte contre lui pour fait d'injustice ou d'abus de pouvoir. Les Souverains qu'il a servis depuis S. M. Charles III jusqu'à son petit-fils Ferdinand VII, ont récompensé son zèle par des emplois et des commissions de la plus grande confiance, et l'ont honoré des témoignages les plus flatteurs de leur royale approbation.

NOTE XLIII.

Lettre de D. Miguel Joseph de Azanza à S. M. le Roi Ferdinand VII.

Sire :

« Si je voulais développer les principes qui ont dirigé ma conduite pendant tout le temps que V. M. a été éloignée de son royaume, j'entreprendrais sans doute un travail inutile et importun ; j'ose me flatter que V. M. connaît que j'ai pu me tromper, mais que j'ai agi dans le seul but de faire le bonheur de mon pays, c'est-à-dire de lui conserver son indépendance et son intégrité, par les moyens que l'Europe entière, et V. M. elle-même, présentaient comme les plus conformes à la prudence dans les circonstances extraordinaires où nous nous trouvions. S'il était possible que sur cette vérité il s'élevât le moindre doute, je suis prêt à le dissiper et certain d'y réussir devant le tribunal de votre souveraine justice. Mais ce n'est point l'objet de cette lettre, dont l'unique but est de féliciter V. M., dans le premier moment où il m'est permis de le faire, sur son retour au trône de ses ancêtres, et de lui présenter mes loyaux hommages, lui renouvelant, comme je le fais, mon serment de fidélité et d'obéissance, d'obéissance, et lui offrant mes services dans tout ce qu'elle daignera m'ordonner. Je suis bien assuré, Sire, que tous les Espagnols réfugiés en France (et j'en ai des preuves encore plus certaines de la part de ceux qui dépendent des ministères que j'ai exercés) sont pénétrés, envers leur Souverain et leur patrie, des mêmes sentimens que moi. Tous s'empresseront de les faire connaître dès qu'ils le pourront, et tous font les mêmes vœux que moi pour la prospérité de votre règne. Dieu veuille les exaucer et accorder à votre auguste personne de longues années pour le bonheur de l'Espagne et de vos sujets. »

Paris, le 8 avril 1814.

Sire,
 Aux pieds de Votre Majesté,
   Miguel-Joseph de Azanza.

Lettre de D. Gonzalo O-Farrill à S. M. le Roi Ferdinand VII.

Sire :

« Tant que j'ai pu être utile à V. M., j'ai constamment rempli mon devoir et fait preuve d'un zèle égal, sinon supérieur, à celui qui a rempli, sans se démentir un seul instant, mes quarante années et plus de services ; mais lorsque les événemens provoqués par un Souverain dont l'ambition ne rencontrait plus dans l'Europe continentale de digue qui pût l'arrêter, arrachèrent V. M. du trône de ses pères ; dans le déplorable abandon où se voyait ma patrie, je me crus obligé d'embrasser le parti qui pouvait la sauver, et je suivis en cela les conseils que le cœur paternel de V. M. adressa à ses sujets. »

« Un grand nombre d'entre eux, guidés par une manière différente de voir les choses, ou plus heureusement placés, voulurent agir par eux-mêmes et s'étayer de l'effervescence des passions qui, si elles assurent parfois l'indépendance d'un pays, parfois aussi en écartent pour toujours la tranquillité intérieure. »

« Je craignais que ce parti ne couvrît de deuil pendant de longues années notre chère patrie, et n'obligeât l'Espagne, après une infinité de pertes et de sacrifices incapables d'améliorer la situation de V. M., à succomber et à recevoir du vainqueur des lois plus dures que celles qu'il lui dictait alors; mais l'événement a prouvé que ce parti était aussi glorieux pour ceux qui avaient juré de le soutenir, que profitable aux Espagnols qui voient rétabli sur le trône l'héritier légitime et le Souverain que leurs cœurs y appelaient. »

» Dans ce moment d'allégresse générale de toute la nation, qu'il me soit permis, Sire, de porter aux pieds du trône de V. M. l'hommage de ma loyauté et de mon obéissance, prêt à les employer pour tout ce qui me serait ordonné par sa royale et souveraine volonté. »

« Daignez, Sire, admettre un semblable hommage de la part de tous ceux qui ont été employés dans la partie de l'administration dont j'étais chargé, et qui partagent ma situation. Je peux assurer à V. M. que tous sont et n'ont jamais cessé d'être Espagnols, et que leurs vœux pour le bonheur de la patrie les identifie à une nation généreuse, gouvernée par un Souverain à qui nous désirons unanimement un règne long et heureux. »

Paris, 10 avril 1814.

Sire :

Aux pieds de Votre Majesté,

GONZALO O-FARRILL.

FIN.

TABLE.

	Pages
INTRODUCTION	1

PREMIÈRE ÉPOQUE. *De la conduite d'Azanza et d'O-Farrill dans leurs ministères, sous les yeux de S. M., jusqu'à son départ de Madrid le 10 avril 1808.* 14

SECONDE ÉPOQUE. *De la conduite d'Azanza et O-Farrill en leur qualité de membres de la Junte suprême de Gouvernement, sous la présidence de l'Infant D. Antonio.* 22

TROISIÈME ÉPOQUE. *Depuis le départ de l'Infant D. Antonio jusques à l'arrivée à Madrid des renonciations qui changèrent la dynastie.* 67

QUATRIÈME ÉPOQUE. *Depuis le changement de dynastie jusqu'à l'évacuation de Madrid par les troupes françaises à la suite de l'affaire de Baylen, et leur retraite sur l'Èbre en juillet 1808.* ... 90

CINQUIÈME ÉPOQUE. *Exposition des principes politiques qui guidèrent, pendant la révolution d'Espagne, Azanza et O-Farrill, et toute la partie de la nation qui adopta le nouvel ordre de choses, à dater des renonciations de Bayonne, jusqu'au retour de S. M. D. Ferdinand VII au trône*...... 121

CONCLUSION 212

NOTES ET PIÈCES JUSTIFICATIVES....... 225

FIN DE LA TABLE.

www.ingramcontent.com/pod-product-compliance
Lightning Source LLC
Chambersburg PA
CBHW070612160426
43194CB00009B/1256